Die Auswirkungen des Diversity Managements auf junge Männer

Schafft das Diversity Management mehr Gleichberechtigung am Arbeitsplatz?

Bibliografische Information der Deutschen Nationalbibliothek:

Die Deutsche Nationalbibliothek verzeichnet diese Publikation in der Deutschen Nationalbibliografie; detaillierte bibliografische Daten sind im Internet über http://dnb.d-nb.de abrufbar.

Impressum:

Copyright © Studylab

Ein Imprint der Open Publishing GmbH

Druck und Bindung: Books on Demand GmbH, Norderstedt, Germany

Coverbild: Open Publishing GmbH | Freepik.com | Flaticon.com | ei8htz

Inhaltsverzeichnis

Abkürzungsverzeichnis

FK	Führungskraft
i.S.d.	im Sinne des
KiTa	Kinder- und Tagesstätte
PDF	Portable Document Format
TZ	Teilzeit
u.a.	unter anderem
vgl.	vergleiche

Abbildungsverzeichnis

Tabellenverzeichnis

1 Problemorientierte Einführung

1.1 Ausgangspunkt und Relevanz der Arbeit

Das Thema „Diversity" steht im Fokus der personalwirtschaftlichen Betrachtungen. Nicht zuletzt liegt dies darin begründet, dass der demografische Wandel voranschreitet und die Auswirkungen des Fachkräftemangels in der Praxis spürbar werden. Die Altersstruktur bewegt sich dahingehend, dass das durchschnittliche Alter der Belegschaft immer weiter ansteigt, die älteren Arbeitnehmer sich in den Ruhestand verabschieden und immer weniger junge Mitarbeiter und Nachwuchskräfte nachrücken. Als Unternehmen gilt es also, sich auf ältere Arbeitnehmer zu konzentrieren und sich im War of Talents um die jungen Fachkräfte zu behaupten. Umso wichtiger wird es auch für die Unternehmen, ihre bestehenden Potenziale durch Mitarbeiterentwicklung und -förderung voll auszuschöpfen und dadurch die Mitarbeiter an das Unternehmen zu binden. Hierzu wird Diversity Management als personalpolitisches Instrument genutzt und richtet sich an die unterschiedlichen Personengruppen.

Diversity bedeutet Vielfalt und umschreibt damit die verschiedenen Personengruppen, die gesellschaftlich und politisch betrachtet werden. In Anlehnung an die Definition der Deutschen Gesellschaft für Diversity Management umfasst Diversity grundsätzlich sechs Dimensionen: Geschlecht, Alter, Ethnische Herkunft/Nationalität, Religiöse Orientierung/Weltanschauung, Behinderung sowie die sexuelle Orientierung.[1,2] Die Literaturrecherche von rund 100 Artikeln aus Fachzeitschriften des Bereichs Human Resource Management ergab, dass sich die Gesellschaft sowie die Unternehmen in erster Linie mit der Geschlechter-Dimension auseinander setzen. Dabei ist vor allem zu betonen, dass es selten um eine Gleichbehandlung geht, sondern vielmehr um die Frauenförderung: Rund 54% der zum Thema Vielfalt recherchierten Artikel beschäftigen sich mit der Geschlechterproblematik bzw. mit der Frauenförderung (vgl. Kapitel 3).

Die Förderung einer bestimmten Personengruppe führt nicht selten zur Benachteiligung einer anderen Personengruppe[3]. So stehen sich Frauen und Männer in der Dimension des Geschlechts gegenüber. Viele Unternehmen führten Frauen-

---

[1]   Vgl. Bergmann/Dick/Meyer (2015), S. 90.

[2]   Vgl. Becker (2015), S. 18-19.

[3]   Vgl. Hund (2014),S. 580-583.

netzwerke ein, entwickelten spezielle Frauenförderprogramme wie z.B. das Mentoring oder erlegten sich bereits freiwillig, vor der gesetzlichen Einführung, eine Frauenquote auf. Werden also die Konzepte und Maßnahmen im Rahmen des Diversity Managements betrachtet, führt dies zu einer ersten Feststellung: Egal ob Training, Mentoring oder Netzwerke, die primäre Zielgruppe sind Frauen und selten andere Minderheiten. Wer hier unberücksichtigt bleibt sind Männer.[4] Ebenso scheint es mit und ohne Diversity selbstverständlich zu sein, dass Frauen einer Unterstützung bedürfen, um sich im Berufsleben zu behaupten und Männer sich eigenständig eine Gender-Kompetenz aneignen müssen.[5] Dabei ist abzuwägen, ob dies nun gut ist, da Männer keine Zeit für die Teilnahme an Fördermaßnahmen investieren müssen, oder schlecht ist, da sie nicht miteinbezogen werden und keine Chance darauf haben, ihre Kompetenzen in diesem Bereich zu erweitern.

Lediglich eine Befragung der Bild der Frau im Jahr 2013 setzte sich mit der Wahrnehmung der Gleichberechtigung durch Männer auseinander. Dabei ergab die Studie, bei der insgesamt 947 Männer befragt wurden, dass sich 6% der Männer im Alter von 18 bis 65 Jahren sogar manchmal gegenüber Frauen benachteiligt fühlen. 64% von ihnen empfinden die derzeitige Gleichberechtigung für mehr als ausreichend. Weiterhin halten 28% der befragten Männer, sowie 12% der befragten Frauen (insg. 546 Frauen) die Maßnahmen bereits für übertrieben.[6]

Wie Männer auf die Frauenförderung reagieren, wurde dagegen in den Fachzeitschriften kaum diskutiert. Nur vier von 99 Artikeln aus der Literaturrecherche beschäftigten sich mit der Sichtweise bzw. dem Empfinden der Männer. Auch die Einstellung der Männer zu Fördermaßnahmen für Frauen wird nicht berücksichtigt. Daher ist dies eine Perspektive, die es näher zu beleuchten wert ist. Ebenso ist dies durch die gesellschaftliche Relevanz der Geschlechter-Dimension begründet, was nicht zuletzt auf die Einführung der gesetzlichen Frauenquote im Frühjahr 2015 zurückzuführen ist.

---

4   Vgl. Stuber (2004a), S. 16-19.
5   Vgl. Soiland (2009), S. 44-45.
6   Vgl. Bild der Frau (2013), Der Mann 2013.

1.2 Zielsetzung der Arbeit und Vorgehensweise

Verlangt ein Mann, dass Männer stärker in den Fokus der Diversity Bemühungen gerückt werden müssen, wird ihm Voreingenommenheit unterstellt. Dabei ist es richtig, dass Frauenfördermaßnahmen, wie z.B. die Einführung der Frauenquote, zu einer Einschränkung der beruflichen Chancen von Männern führen. Andererseits wurde z.B. der verpflichtende Wehrdienst aufgehoben, um einer Benachteiligung von Männern entgegenzuwirken.[7] Inhalt dieser Arbeit ist es, auf Ungleichgewichte hinzuweisen, die nicht ausschließlich auf Seiten der Frauen bestehen.

Ziel der vorliegenden Arbeit ist es also, die Diversity-Bemühungen im Rahmen der Geschlechter-Dimension auf die Perspektive der Männer auszuweiten und verstärkt den Fokus darauf zu legen, wie diese Personengruppe die Frauenförderung wahrnimmt. Dabei sollen auch Benachteiligungen auf Seiten der jungen Männer aufgezeigt und deren Bedürfnisse berücksichtigt werden, die es im Rahmen von Diversity Management-Maßnahmen zu befriedigen gilt. Zudem sollen die Erkenntnisse der empirischen Untersuchung und der Literaturanalyse in Empfehlungen übersetzt werden und so eine Synthese aus bestehenden Diversity-Maßnahmen und dem Handlungspotenzial gebildet werden.

Die vorliegende Arbeit gliedert sich in sechs Kapitel, wobei wie folgt vorgegangen wird: In Kapitel 1 wird die Relevanz des Themas „Diversity Management – Auswirkungen auf junge Männer" für Unternehmen und die Gesellschaft dargelegt und anhand gesellschaftlicher Entwicklungen, wie z.B. dem demografischen Wandel, belegt. Im darauffolgenden zweiten Kapitel werden die theoretischen Grundlagen zum Diversity Management, insb. in Hinblick auf die Geschlechterthematik, erörtert. Dabei werden grundlegende Begrifflichkeiten zu Diversity definiert und die Unterschiede zwischen Diversity Management, Managing Diversity und Gender Mainstreaming, sowie deren Wirkung nach innen und außen, aufgezeigt. Kapitel 3 umfasst die Literaturanalyse. Dabei werden Artikel aus den Fachzeitschriften des Human Resource Managements analysiert und ausgewertet, die die Relevanz der Thematik unterstreichen und Auffälligkeiten innerhalb der Geschlechter-Dimension offenlegen. Anschließend wird in Kapitel 4 die Sichtweise junger Männer beleuchtet. Gestützt wird dies durch eine empirische Untersuchung. Im Rahmen von Interviews mit jungen Männern im Alter von 18 bis 35 Jahren, soll

---

[7] Vgl. Becker (2015), S. 348-349.

die Frage beantwortet werden, inwieweit Männer die Maßnahmen zur Frauenförderung als Bedrohung wahrnehmen, sie Benachteiligung empfinden und wie sich mögliche Maßnahmen zum Nachteilsausgleich bzw. der Geschlechterförderung gestalten lassen. Auf Basis der Interviews und der Literaturanalyse werden in Kapitel 5 Handlungsempfehlungen für Gesellschaft und Unternehmen aufgestellt. Diese sollen dazu beitragen, dass Männer aktiver in die Prozesse der Diversity-Maßnahmen miteinbezogen werden, um so ein besseres Gerechtigkeitsempfinden zu erzeugen. Ist das Ziel einer partnerschaftlichen Zusammenarbeit von Frauen und Männern erreicht, so wird auch der ökonomische Erfolg des Unternehmens positiv beeinflusst. Abschließend werden in der Schlussbetrachtung die Ergebnisse aus der Literaturanalyse und der empirischen Untersuchung mit deren Kernaussagen zusammengefasst und ein letztes Fazit daraus gezogen.

2 Theoretische Grundlagen des Diversity Managements

2.1 Begrifflichkeiten und Dimensionen

Die Unternehmenskultur mit ihrer Führungsphilosophie verändert sich stetig und passt sich an die gesellschaftliche Entwicklung an, weshalb sich das Diversity Management von der Bekämpfung positiver Diskriminierung zu einer Klärung institutioneller Aspekte weiterentwickelt hat. Der Fokus des Diversity Managements liegt dabei auf der Einzigartigkeit der Individuen, wobei der Aspekt des Nachteilsausgleichs durch die Herausbildung strategischer Vielfalt ergänzt wird.[8] Strategische Vielfalt bedeutet in diesem Zusammenhang, die Unterschiede in der Personalstruktur als Potenzial zu erkennen und auszuschöpfen, um daraus einen positiven Erfolg für das Unternehmen zu generieren.

Diversity als Begriff bezeichnet die Verschiedenheit, Ungleichheit, Andersartigkeit und Individualität, die durch eine Vielzahl von Unterschieden zwischen Elementen eines Ganzen, z.B. der Belegschaft eines Unternehmens, entsteht.[9] Ebenso wie das Wort an sich, beinhaltet sie sehr viele Aspekte und erlaubt viele Deutungen. In Bezug zu dieser Arbeit wird im Großen und Ganzen nur die personale und soziale Vielfalt betrachtet. Die personale Vielfalt umfasst dabei die Heterogenität der Merkmale einer Personengruppe. Dies können in unternehmerischer Sicht z.B. die Mitarbeiter sein. Dabei gibt es wahrnehmbare und offensichtliche Merkmale wie das Alter, das Geschlecht oder die Hautfarbe und damit die ethnische Herkunft, und nicht sichtbare Merkmale wie Moral, kulturell geprägte Denkweisen und Arbeitsstile.[10]

Da die Vielfalt so facettenreich ist, werden die verschiedenen Merkmale in Dimensionen klassifiziert, die eine differenzierte Wahrnehmung von Vielfalt ermöglichen. Dabei wird oft zwischen angeborenen und veränderlichen oder wahrnehmbaren und nicht wahrnehmbaren Merkmalen unterschieden. Auch eine Differenzierung nach demographischen, psychologischen und organisationalen Merkmalen hat sich bei der Aufteilung in Dimensionen durchgesetzt.[11] Tabelle 1 zeigt verschiedene Definitionskriterien von Diversity auf. Bei der Vielzahl an

---

[8] Vgl. Becker (2015), S. 17.

[9] Vgl. Aretz/Hansen (2003) zitiert nach: Becker (2015), S. 2.

[10] Vgl. Becker (2015), S. 18.

[11] Vgl. Schulz (2009), S. 33-36.

Merkmalen bzw. Dimensionen haben sich in der Theorie bzw. Wissenschaft, in Anlehnung an die Primärdimensionen der Deutschen Gesellschaft für Diversity Management, sechs Dimensionen durchgesetzt: Geschlecht, Alter, Ethnische Herkunft/Nationalität, Religiöse Orientierung/Weltanschauung, Behinderung sowie die sexuelle Orientierung.

Voigt, B. (2001)		
Wahrnehmbare Erscheinungsformen	**Kaum wahrnehmbare Erscheinungsformen**	
	Werte	**Wissen, Fertigkeiten, Fähigkeiten**
Rasse	Persönlichkeit	Bildung
Geschlecht	Kulturelle Werte	Sprachen
Alter	Religion	Hierarchien
Nationalität	Sexuelle Orientierung	Fachkompetenz
	Humor	Sozio-ökonomischer Status

Thomas, R.R. (2001)	
Personen-immanente Diversity	**Verhaltens-immanente Diversity**
Ethnische Gruppenzugehörigkeit Alter Bildungsniveau Geschlecht Sexuelle Orientierung	Die Verhaltensweise von Menschen als Folge oder Nicht-Folge ihrer Personen-immanenten Eigenschaften

Deutsche Gesellschaft für Diversity Management (DGDM)	
Primärdimensionen	**Sekundärdimensionen**
Alter Geschlecht Rasse Ethnische Herkunft Körperliche Behinderung Sexuelle Orientierung Religion	Einkommen Beruflicher Werdegang Geografische Lage Familienstand Elternschaft (Aus-)Bildung

Stuber, M. (2002)		
Kerndimensionen (nicht beeinflussbar)	**Kür-Dimensionen (beeinflussbar)**	
Alter	Kultur	Hierarchie
Geschlecht	Sprache	Kommunikation
Ethnizität	Arbeitsweise	Elternschaft
Sexuelle Orientierung	Familienstand	Wohnort
Befähigung	(Aus-)Bildung	
Religiöse Glaubensprägung		

Loden, M./Rosener, J. (1991)			
Organisationale Dimension	Äußere Dimension	Innere Dimension	Persönlichkeit
Funktion/Einstufung Management Status Gewerkschaftszugehörigkeit Arbeitsort Dauer der Zugehörigkeit Abteilung, Einheit, Gruppe Arbeitsinhalte/-feld	Geografische Lage Einkommen Gewohnheiten Freizeitverhalten Religion Ausbildung Berufserfahrung Auftreten Elternschaft Familienstand	Alter Geschlecht Sexuelle Orientierung Physische Fähigkeiten Ethnizität Hautfarbe	

Tabelle 1: Überblick über die Definitionskriterien von Diversity[12]

Diversitätsmanagement stellt für Unternehmen ein Instrument Führungsinstrument dar. Dabei umfasst das Diversitätsmanagement alle Maßnahmen, die zur Anerkennung, Nutzung und Förderung der Vielfalt innerhalb und außerhalb des Unternehmens führen.[13] Diversity Management ist also die Ausgestaltung von Homogenität und Heterogenität der Belegschaft. Die personale Vielfalt soll genutzt und proaktiv gestaltet werden. Jeder Mitarbeiter soll in seiner Einzigartigkeit gefördert und Teil der Vielfalt bzw. des Ganzen werden. Die Fördermaßnahmen sollen dabei unterstützen, Arbeitsbedingungen zu schaffen, die die Leistungsbereitschaft und Fähigkeit des Mitarbeiters optimal entwickeln.[14]

Managing Diversity und Diversity Management werden oft synonym verwendet. Dabei ist Managing Diversity die organisationale Gestaltung auf Basis der vorhandenen Diversität und wirkt nach innen. Die vorhandene Individualität soll demnach insoweit reduziert werden, dass sich ein Gemeinschaftsgefühl entwickeln kann. Diversity Management wirkt hingegen nach außen und strebt eine marktbezogene Differenzierung an. Ziel ist es, eine Alleinstellung gegenüber Wettbewerbern zu erreichen.[15] Managing Diversity und Diversity Management konkurrieren jedoch nicht miteinander, sondern ergänzen sich zu einem wirkungsvollen

---

[12] Quelle: Becker: Systematisches Diversity Management, Stuttgart 2015, S. 18-19.

[13] Vgl. Stuber (2004b), S. 20.

[14] Vgl. Becker (2015), S. 19-20.

[15] Vgl. Becker (2006), S. 11.

Gesamtkonzept. Die Diskriminierung einzelner Personen bzw. Personengruppen soll vermieden werden und gleichzeitig die Vielfalt optimal ausgebildet und genutzt werden. Kann dieser Prozess ohne ein Gegeneinanderwirken etabliert werden, führt Diversity Management zur Steigerung der Wettbewerbsfähigkeit und folglich zu einem höheren wirtschaftlichen Erfolg des Unternehmens, der nachhaltig gesichert werden kann.[16]

Als Schlüsselbegriff der Gleichstellungspolitik wurde Gender Mainstreaming von der Europäischen Union aufgegriffen. Der Begriff setzt sich aus „Gender" und „Mainstreaming" zusammen. Mit Gender ist dabei nicht das biologische Geschlecht gemeint, sondern umfasst die soziale und kulturelle Dimension des Geschlechts. Mainstreaming bedeutet in diesem Kontext, dass die Chancengleichheit ein Hauptthema in allen Politikbereichen ist und sich als Dach über allen Planungen in Organisationen versteht (vgl. Abbildung 1). Demnach sollen im Rahmen des Gender Mainstreaming geschlechtsbezogene Interessen und Anforderungen in politische Entscheidungen einbezogen, Benachteiligungen abgebaut sowie die Arbeitsqualität für Frauen und Männer verbessert werden.[17]

Gender (engl.):
biologisches Geschlecht = sex
soziales Geschlecht = **Gender**
gesellschaftlich und kulturell geprägte
Rollen, Rechte, Pflichten, Ressourcen
und Interessen von Männern und Frauen

Mainstreaming (engl.):
Ein bestimmtes Handlungsmuster gehört
zum normalen und selbstverständlichen
Handlungsmuster einer Organisation.

Gender-Mainstreaming

Geschlechterbewusstes Handeln wird normales Handlungsmuster einer Organisation.

Abbildung 1: Gender-Mainstreaming: Soziales Geschlecht und Handlungsmuster[18]

---

[16] Vgl. Becker (2015), S. 23-24.

[17] Vgl. Ehrhardt/Jansen (2013), S. 19.

[18] Quelle: Becker: Systematisches Diversity Managment, Stuttgart 2015, S. 319.

2.2 Entstehung von Diskriminierungsprozessen im Kontext der Geschlechter-Diversity

2.2.1 Soziale Diskriminierung

Die Menschen leben in einer komplexen sozialen Umwelt, welche im Menschen ein Bedürfnis nach Zusammenhängen, Simplizität und Vorhersehbarkeit weckt. Um die Aufnahme von Informationen aus dieser Umwelt zu erleichtern, bedient sich der Mensch Klischees, die ihm die Informationen verwalten, organisieren und vor allem vereinfachen. Um sich selbst und andere zu identifizieren, werden also die einfachsten Merkmale herangezogen. Dies umfasst all das, was augenfällig erkennbar ist.[19] Dabei handelt es sich um Stereotype und Vorurteile. Stereotype sind „Überzeugungen über die Mitglieder einer sozialen Gruppe"[20] und können positiv oder negativ sein. Aus Sicht einer Gruppe gegenüber einer anderen Gruppe sind sie jedoch meist negativ. Vorurteile ergänzen Stereotype um eine Einstellung, also eine emotionale Komponente. Gemeinsam können Stereotype und Vorurteile als primärer Grund für soziale Diskriminierungen angesehen werden, jedoch fördern sie zugleich das Zusammengehörigkeitsgefühl und die gegenseitige Sympathie unter den Mitgliedern der eigenen Gruppe.[21]

Nach Bourdieus „Konzept des Habitus" identifiziert sich ein Mensch durch bestimmte Charakteristika, wie das äußere Erscheinungsbild und Verhalten einer Person sowie die Gesamtheit ihrer Moral- und Wertvorstellungen. In Anlehnung an diese Eigenschaften fühlt er sich einer bestimmten Gruppe zugehörig und bildet unbewusst und automatisch gruppenstereotypische Ansichten und Verhaltensanlagen, die er im Laufe seiner Sozialisation internalisiert.[22] Die entstandenen Gruppen versuchen die Andersartigkeit gegenüber anderen Gruppen bzw. Individuen zu tolerieren oder aber die andere Partei derart zu verändern, dass keine negativen Gefühle mehr entstehen. Bei diesem Verhalten handelt es sich also um Diskriminierungsprozesse.[23]

---

[19] Vgl. Vollmer (2015), S. 66.

[20] Petersen/Dietz (2006), S. 108.

[21] Vgl. Schulz (2009), S. 21-22.

[22] Vgl. Becker (2015), S. 333.

[23] Vgl. Schulz (2009), S. 24.

Auf der Ebene einer einzelnen Person setzt sich das Selbstwertgefühl aus der Zugehörigkeit zu unterschiedlichen sozialen Gruppen sowie deren Bewertung zusammen. Dabei wird ein Vergleich zwischen der eigenen Gruppe mit anderen relevanten Gruppen, denen die Person angehört bzw. angehören oder nicht angehören möchte, vorgenommen. Fällt der Vergleich für die eigene Gruppe positiv aus, so entsteht auch eine positive soziale Identität. Die Person ist demzufolge stolz und zufrieden, der „attraktiveren" Gruppe zugehörig zu sein.[24] Diese Vergleichsprozesse werden anhand von Stereotypen vereinfacht vorgenommen. Zu den Merkmalen von bestimmten Stereotypen gehören u.a. die ethnische Herkunft und das Geschlecht, da diese am besten entwickelt sind und deren Nutzung zur Differenzierung am weitesten verbreitet ist. Ebenso ist das wahrgenommene Geschlecht eines der auffälligsten menschlichen Charakteristiken, weshalb es bei Stereotypisierungsprozessen eine essentielle Rolle spielt.[25]

Stereotype in Bezug auf die Geschlechter bilden vor allem die lang manifestierten Rollenbilder von Frauen und Männern. Die Unterschiede in den Eigenschaften der Geschlechter sind weit verbreitet und wurden in der Vergangenheit als naturgegeben angesehen. Somit gibt es Erwartungen, die an Frauen bzw. Männer in Bezug auf ihr Verhalten und ihre Eigenschaften gestellt werden. Weiterhin werden den Geschlechtern neben Unterschieden in den zugeschriebenen Tätigkeiten auch Ressourcen zugewiesen, wie z.B. Macht den Männern, wodurch eine Statusdifferenzierung der Geschlechter erfolgt. Frauen waren für die Familie verantwortlich, Männer dafür, die Familie zu ernähren. Daher war die Frau mit ihrem Status dem Mann unterstellt. Mit der zunehmenden Teilhabe von Frauen am Bildungssystem hat sich die Rolle der Frau seit den 1970ern verändert. Immer mehr Frauen nehmen am Erwerbsleben teil, wodurch sich auch die Rolle des Mannes, wenn auch nur sehr langsam, ändert. Zudem führte die technische Entwicklung und zunehmende Mobilität zu Arbeitszeitverkürzungen und mehr Flexibilität, wodurch dem Mann mehr berufsfreie Zeit zur Verfügung steht, die er mit der Familie verbringt.[26]

Trotz der Entwicklung von Frauen und Männern und der Selbstverständlichkeit der Teilhabe von Frauen am Erwerbsleben, ordnen Geschlechterstereotype Män-

---

[24] Vgl. Becker (2015), S. 173-174.

[25] Vgl. Vollmer (2015), S. 66.

[26] Vgl. Bollmann/Onnen-Isemann (2010), S. 81-86.

nern und Frauen heutzutage immer noch unterschiedliche Persönlichkeitseigenschaften zu: Männliche Eigenschaften können unter der Kategorie Kompetenz oder Instrumentalität, weibliche Eigenschaften unter der Kategorie Wärme oder Expressivität zusammengefasst werden.[27] Die verschiedenen Lebensmodelle können in „weiblich" und „männlich" unterteilt werden und sind Teil der sozialen Rollen bzw. Gruppen. Sie bilden das implizite Fundament für ein konfliktfreies soziales Miteinander, ohne dass dies gesetzlich verankert ist. Soziale Rollen sind demnach wichtiger Inhalt der gesellschaftlichen Regeln, die von der Wiege auf erlernt, aber auch stetig hinterfragt und von der Gesellschaft neu festgelegt werden.[28]

2.2.2 Institutionelle Diskriminierung – Sozialpsychologische Effekte

Die soziale Diskriminierung findet auch im Unternehmen statt. Nach Festinger werden die eigene Meinung und die Fähigkeiten mit allgemeingültigen Standards verglichen und bewertet. Dabei werden diese Standards von der relevanten Umwelt festgelegt, im Sinne der institutionellen Diskriminierung also z.B. vom Unternehmen.[29]

In Unternehmen treten zwei verschiedene Arten von Diskriminierungsprozessen auf: Ausschlussdiskriminierung und Ausbeutungsdiskriminierung. Dabei handelt es sich bei der Ausschlussdiskriminierung um Bewerber, denen im Vorhinein aufgrund ihrer Gruppenzugehörigkeit der Zugang zur Beschäftigung verhindert wird. Die Ausbeutungsdiskriminierung bezeichnet hingegen die Benachteiligung von angestellten Mitarbeitern, die vermeintlich einer „minderwertigen" Gruppe angehören.[30] Im Hinblick auf die Geschlechterthematik stellt die ungleiche Bezahlung von Frauen und Männern ein bedeutendes Beispiel für die Ausbeutungsdiskriminierung dar. Frauen erhielten im Jahr 2015 durchschnittlich 21% weniger Lohn als Männer.[31]

Die Entwicklung des Arbeitsmarktes kommt dem weiblichen Geschlecht zugute. Die aktuellen Rahmenbedingungen sind für Frauen günstiger als je zuvor: Der

---

[27] Vgl. Vollmer (2015), S. 66.

[28] Vgl. Herpers (2013), S. 39.

[29] Becker (2015), S. 170-171.

[30] Vgl. Schulz (2009), S. 25.

[31] Vgl. Statistisches Bundesamt, Abrufdatum: 28.04.2016.

weibliche Führungsstil wird vermehrt und tendenziell steigend nachgefragt, Frauen haben bessere Bildungsabschlüsse und werden über den Aufstieg in Spitzenpositionen hinaus gefördert. Dennoch mangelt es derzeit an Frauen in Führungsebenen. Begründet wird dies oft durch die unzureichende Vereinbarkeit von Familie und Beruf oder durch die Einstellung bzw. Motivation der Frauen selbst. Diskriminierungseffekte bleiben zumeist unberücksichtigt. Den Entwicklungen liegen jedoch stets geschlechtsspezifische Stereotypisierungseffekte zugrunde.[32] So gut sich die Rahmenbedingungen für Frauen entwickeln, desto größer werden die Auswirkungen auf das männliche Geschlecht. Die Anzahl der Konkurrenten um eine Position steigt, weibliche Führungskräfte werden alltäglich und in männertypischen Bereichen fassen immer mehr Frauen Fuß. Das Arbeitsumfeld von Männern wird demnach zunehmend von Frauen beeinflusst, weshalb Männer sich an das neue, partnerschaftliche Zusammenarbeiten gewöhnen müssen.

Der Stereotype Threat-Effekt ist im Hinblick auf die Wirkung von Stereotypen in Leistungssituationen ein bekannter Effekt. Er bezeichnet die Angst davor, einen bestehenden Stereotyp der eigenen Gruppe zu bestätigen, was dazu führen kann, dass eine Person eben dieses stereotype Verhalten zeigt. Demnach kann sich diese Angst oder damit verbundene störende oder ablenkende Gedanken auf die Leistung des Individuums auswirken. Auch im Hinblick auf das Führungsstreben konnten Stereotype Threat-Effekte nachgewiesen werden. Männer sowie Frauen ließen sich von dem Gedanken an die Erfüllung eines Stereotyps in der Art beeinflussen, dass sie genau dieses Verhalten aufwiesen. Dabei muss die betroffene Person nicht an den Stereotypen glauben. Es reicht bereits aus, wenn sie sich über die bloße Existenz des Stereotyps bewusst ist. Findet die aus dem Stereotype Threat-Effekt resultierende Adaptionsstrategie in einem Bereich chronisch statt, so bezeichnet man dies als Domain Disidentification. Diese kann im Hinblick auf männliche bzw. weibliche Führungsfähigkeiten als geschlechtsspezifische Eigenheit fehlinterpretiert werden. Ein weiterer Effekt ist der Stereotype Reactance-Effekt. Er kehrt den Stereotype Threat-Effekt um und führt zu einem dem Stereotyp entgegengesetzten Verhalten.[33]

Neben dem Einfluss auf die Leistung und Absichten einer Person, tritt in Unternehmen auch der Backlash-Effekt auf. Dieser basiert auf der geschlechterstereo-

---

[32] Vgl. Vollmer (2015), S. 65.
[33] Vgl. Vollmer (2015), S. 66-67.

typen Wahrnehmung und konnte bei Personalauswahlverfahren nachgewiesen werden. Dabei wurden Bewerberinnen und Bewerber paradoxerweise bei typisch männlichen Anforderungsprofilen gleich beurteilt, jedoch hatten Frauen bei typisch weiblichen Anforderungsprofilen gegenüber ihren männlichen Mitbewerbern einen Nachteil.[34]

Die Forschung zum Stereotype Threat-Effekt und der darauf basierenden Domain Disidentification zeigt auf, dass Unterschiede in Leistung und Führungsstreben eines Individuums durch unbewusste Stereotypisierungsprozesse verursacht werden können. In Folge dessen führt es zu systematischen geschlechtsspezifischen Unterschieden im Hinblick auf die Leistung, sowie auf bloße Absichten. Auch die Studien zum Stereotype Reactance-Effekt geben Hinweise darauf, dass implizite und verdeckte Formen der Stereotypisierung eine größere Rolle in Bezug auf die Ausbildung von Diskriminierungseffekten spielen können, als offene Formen.[35]

2.2.3 Bedeutung

Bei dem aus Stereotypen und Vorurteilen resultierenden Verhalten handelt es sich um soziale Diskriminierung. Diese findet zumeist ungerechtfertigt und willkürlich statt und entsteht aus der Andersartigkeit sozialer Gruppen.[36] Die institutionelle Diskriminierung vollzieht sich häufig unbemerkt und unbewusst.[37]

Im Allgemeinen finden auch geschlechtsspezifische Diskriminierungsprozesse unbewusst statt und werden auf Seiten der stereotypisierten, aber auch auf Seiten der stereotypisierenden Person verursacht. Aus diesem Grund bietet die eigene bewusste Einstellung gegenüber Gleichstellung und Chancengleichheit keinen Schutz vor geschlechterspezifischen verzerrten Wahrnehmungen und Bewertungen.[38]

Langzeitstudien des amerikanischen Vereins Catalyst belegen, dass Gewohnheiten, Rollenstereotype sowie Annahmen über notwendige Arbeitsweisen zur Spal-

---

[34] Vgl. Vollmer (2015), S. 68.

[35] Vgl. Vollmer (2015) S. 67-68.

[36] Vgl. Schulz (2009), S. 24-25.

[37] Vgl. Becker (2015), S. 32.

[38] Vgl. Vollmer (2015), S. 69.

tung von Lebensmodellen zwischen Frauen und Männern führen.[39] Dabei liegen die Hindernisse der Chancengerechtigkeit und einer fairen Behandlung in der Stereotypenbildung, in Vorurteilen und in fehlenden Vorbildern.[40] Die Unterschiede zwischen Männern und Frauen werden durch die Gesellschaft selbst erzeugt und sind somit auch durch die Gesellschaft veränderbar.[41] Durch Diversity-Maßnahmen sollen die Unterschiede zwischen den Geschlechtern verringert und Benachteiligungen ausgeglichen werden, um eine Gleichstellung herbeizuführen. Es bleibt aber zu beachten, dass ein Austausch von negativer in positive Diskriminierung stattfindet und so nur eine bestehende Diskriminierung auf andere Personen oder Gruppen verlagert wird. Z.B. stellt die gesetzlich eingeführte Frauenquote einen möglichen Fall der Nachteilsverlagerung dar.[42] Aus der Theorie der sozialen Vergleiche lässt sich ableiten, dass es für die Heterogenität eine soziale Akzeptanzgrenze gibt. Diese Grenze wird durch die vergleichende Person festgelegt, indem eine Linie zwischen Aufstiegsperspektive und Abstiegsperspektive gezogen wird. Männer fühlen sich durch Frauenquoten, die den Anteil an Frauen in Führungsebenen erhöhen sollen, benachteiligt und neigen daher zu deren Verhinderung. Sie möchten, relativ zu den Frauen betrachtet, nicht absteigen. Frauen dagegen sind tendenziell für die Durchsetzung der Frauenquote, da sie, relativ zu den Männern, aufsteigen möchten.[43]

In Unternehmen führt die Diskriminierung langfristig zu negativen ökonomischen Folgen, wie z.B. die Abschwächung der Wettbewerbsfähigkeit. Wie in Kapitel 2.1 behandelt, wirkt Diversity Management nach außen und strebt eine marktbezogene Differenzierung an, um sich so gegenüber Wettbewerbern abzuheben. Unternehmen, bei denen institutionelle Diskriminierung stattfindet, schöpfen die Potenziale der Vielfalt nicht aus, die in den Ressourcen stecken.[44] Der stetige Zwang, sich an die Unternehmensorganisation anzupassen, wird einen Teil der Leistungskraft der Mitarbeiter absorbieren und sich demnach tendenziell negativ auf den ökonomischen Erfolg des Unternehmens auswirken.[45] Staatliche Schutz-

---

[39] Vgl. Herpers (2013), S. 20.
[40] Vgl. Becker (2015), S. 166.
[41] Vgl. Herpers (2013), S. 20.
[42] Vgl. Becker (2015), S. 166.
[43] Vgl. Becker (2015), S. 173.
[44] Vgl. Becker (2015), S. 165-166.
[45] Vgl. Schulz (2009), S. 69.

maßnahmen gegen eine Diskriminierung sollten demnach nicht erforderlich sein. Dennoch gab es auf rechtlicher Ebene im Bereich der Chancengleichheit eine große Entwicklung, obwohl die Unternehmen mit Erfolgsabsichten zu antidiskriminierenden Verhalten motiviert sein sollten.[46] Der ökonomischen Argumentation steht eine gewisse Kulturblindheit gegenüber, die daraus entsteht, dass eine übertriebene Gleichberechtigung aller Mitarbeiter stattfindet. Verschiedene kulturbedingte Denk- und Arbeitsweisen der vielfältigen Belegschaft bleiben unberücksichtigt und werden in der Folge auch nicht genutzt.[47]

2.3 Gender Mainstreaming – Eine Synthese

Die traditionelle Gleichstellungspolitik zielte darauf ab, Frauen nicht als benachteiligtes Geschlecht darzustellen. Jedoch kommt es zu dem Dilemma, dass durch dieses Vorhaben die Differenz, die es abzubauen gilt, erneut betont wurde und dadurch die Kategorie „Frau" bestehen blieb und in den Köpfen der Gesellschaft gefestigt wurde.[48]

Auch das moderne Managing Diversity lässt durch die Berücksichtigung verschiedener Diversitätskategorien keine Bildung homogener Gruppen zu. Demnach handelt es sich um einen Widerspruch in sich: Diversity fordert die Wertschätzung des Einzelnen, betont die Individualität und übt Kritik an einer Kategorisierung. Andererseits soll jedoch die Vielfalt gefördert werden, weshalb es notwendig ist, gewisse Unterschiede zu unterstellen. Kurz gesagt, Unterschiede sollen wertgeschätzt werden, jedoch werden damit paradoxerweise Unterschiede betont, die es gar nicht geben soll.[49]

Die Ausrichtung der Konzepte der Gleichstellung hat sich also von der umfassenden Gleichstellung zur bedingten Chancengleichheit gewandelt. Gleichstellung bedeutete früher die Orientierung an einem Resultat und ist heute die Orientierung an einem Prozess, der als Diversity bezeichnet wird. Es gilt Vorurteile und Geschlechtsstereotypen zu überwinden, woraus sich automatisch Gleichheit entwickeln soll. Diversity passt demnach Strukturen an und versucht nicht Personen

---

[46] Vgl. Becker (2015), S. 165-166.

[47] Vgl. Schulz (2009), S. 69.

[48] Vgl. Soiland (2009), S. 37.

[49] Vgl. Soiland (2009), S. 37.

an diese anzupassen. [50] Das Steuerungsinstrument hierzu ist das Gender Mainstreaming[51], welches in der Vergangenheit zunächst ein Lobbyinstrument war, mit dem geschlechtsspezifische Auswirkungen makroökonomischer Zielvorgaben zum Thema gemacht werden sollten. Entwickelt wurde es von feministischen Nicht-Regierungsorganisationen zur Steuerung jener makroökonomischen und sozialpolitischen Rahmenbedingungen, die das Geschlechterverhältnis gestalten. Erst daraus entwickelte sich Gender Mainstreaming als Instrument der Personalpolitik.[52]

Heutzutage ist unter Gender Mainstreaming „die gezielte Intervention in bestehende Geschlechterstrukturen zu verstehen".[53] Frauen und Männer sind mit Unterschieden in Startbedingungen, Rollenerwartungen und die Teilhabe am gesellschaftlichen Leben und im Beschäftigungssystem konfrontiert. Auftrag an die Unternehmen und die Mitarbeiter sowie Ziel des Gender Mainstreaming ist die Gleichstellung beider Geschlechter, indem die unterschiedlichen Anforderungen und Interessen von vornherein berücksichtigt werden.[54,55]

Gender Mainstreaming bedeutet also die Umsetzung von Maßnahmen in einem Unternehmen oder einer Organisation, mit dem Ziel der Gleichstellung als wahrgenommene und umgesetzte Selbstverständlichkeit. Es richtet sich an Frauen sowie an Männer und beinhaltet die nachhaltige Veränderung von Strukturen, aber auch die Erweiterung individueller Förderung, um eine Benachteiligung in einzelnen Bereichen zu beseitigen. Dabei werden Männer auf zwei Ebenen berücksichtigt: Zum einen dort, wo sie einen Anteil an der bestehenden Benachteiligung von Frauen haben, zum anderen dort, wo sie durch Geschlechtsstereotype eingeengt bzw. ausgegrenzt werden.[56]

Gender Mainstreaming trägt also dazu bei, dass die Geschlechterdemokratie einerseits und die Qualität und der Erfolg andererseits in Unternehmen verbessert werden können und macht die Realisierung zu einer Gemeinschaftsaufgabe von

---

[50] Vgl. Soiland (2009), S. 37-38.
[51] Vgl. Jansen/Röming/Rohde (2013), S. 7.
[52] Vgl. Soiland (2009), S. 39-40.
[53] Bollmann/Onnen-Isemann (2010), S. 217.
[54] Vgl. Bollmann/Onnen-Isemann (2010), S. 219.
[55] Vgl. Becker (2015), S. 324.
[56] Vgl. Bollmann/Onnen-Isemann (2010), S. 217.

Frauen und Männern. Zentrales Anliegen ist dabei eine gleiche bzw. gerechte Rollenverteilung in Privat- und Berufsleben sowie in der Politik zu erreichen.[57]

---

[57] Vgl. Ehrhardt/Jansen (2013), S. 14-17.

3 Diversity Management und junge Männer – Erkenntnisse aus der Literaturanalyse

3.1 Schwerpunkte der Literaturanalyse

Zur Vorbereitung dieser Arbeit wurden in Fachzeitschriften des Human Resource Mangements relevante Artikel zum Thema Diversity recherchiert. Die Recherche umfasste die Jahrgänge 2014 bis 2016 der Zeitschriften „Personalwirtschaft", „Personalmagazin", „Personal Quarterly", und die „Zeitschrift Führung und Organisation". Weiterhin wurden einzelne Beiträge aus den Jahren 2004 bis 2014 der Zeitschriften „Arbeit und Arbeitsrecht", „Personal", „Manager Magazin" und dem „Handelsblatt Karriere" zur Recherche herangezogen.

Die vier Hauptzeitschriften wiesen 99 Artikel zum Thema Diversity auf. Diese wurden gesichtet und den verschiedenen Diversity-Dimensionen zugeordnet. Dabei behandelten mehr als die Hälfte der Artikel das personalpolitische Thema Geschlecht und gehörten demnach zur Geschlechter-Dimension der Diversity. Mit 21 Artikeln steht die Dimension Alter an zweiter Stelle, was aufgrund des Voranschreitens des demografischen Wandels und dessen Auswirkungen auf den Arbeitsmarkt und somit die Personalarbeit nicht weiter auffällig ist (vgl. Kapitel 1.1). Die dritte Position nimmt die Dimension Behinderung mit neun Artikeln ein. Die Schlusslichter bilden die Dimension der sexuellen Orientierung sowie die der Ausländer, wobei hier die ethnische Herkunft/Nationalität sowie die religiöse Orientierung/Weltanschauung zusammengefasst sind. Abbildung 2 veranschaulicht die genaue Verteilung der Artikel nach den Diversity-Dimensionen der Deutschen Gesellschaft für Diversity Management.

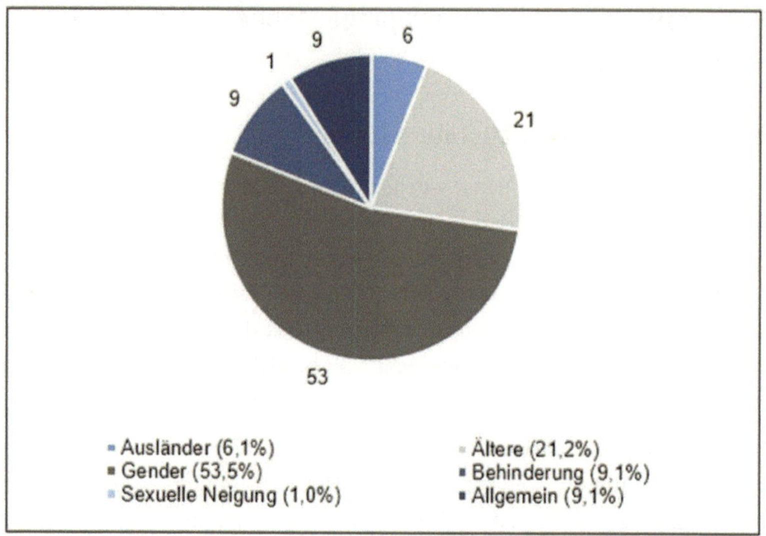

Abbildung 2: Verteilung der Artikel aus der Literaturanalyse nach Themenschwerpunkt[58]

Demnach steht die Diversity-Dimension des Geschlechts im Fokus der gesellschaftlichen Betrachtung und ist daher von besonderer Bedeutung. Hierbei bleibt jedoch zu erwähnen, dass der Inhalt der 53 Artikel zur Genderthematik selten die Gleichstellung von Männern und Frauen behandelt, sondern sich vielmehr auf die Frauenförderung konzentriert. Genauer gesagt thematisierten 27 der 53 Artikel die Frauenquote, die im Frühjahr 2015 durch den Bundestag beschlossen wurde. Rund 3.600 Unternehmen sind seit Beginn 2016 von der Regelung betroffen, was eine verstärkte Auseinandersetzung mit diesem Thema in den Fachzeitschriften des Human Resource Managements rechtfertigt.[59] Lediglich 5 Artikel betrachteten Männer und Frauen gleichermaßen und nur 4 der 53 Artikel zur Dimension Geschlecht berücksichtigten die Perspektive der Männer. Aufgrund der bislang geringen gesellschaftlichen und politischen Auseinandersetzung mit der Sichtweise der Männer zu Diversity Management bzw. der Frauenförderung, wurde dies als Kernthema in dieser Arbeit untersucht.

---

[58]   Quelle: Selbsterstellte Grafik
[59]   Vgl. Presse- und Informationsamt der Bundesregierung, Abrufdatum: 31.03.2016.

Weiterhin ist auffällig, dass der Großteil der Artikel zur Geschlechter-Dimension von Frauen verfasst wurde. Vermutlich setzen sich Männer demnach nicht mit der Problematik der Frauenförderungsmaßnahmen auseinander oder üben sich in Zurückhaltung, da dieses offensichtlich sensible Thema ein hohes Konfliktpotenzial in sich birgt. Thematisierten die Artikel jedoch die Perspektive der Männer, wurden sie auch von Männern verfasst.

3.2 Synthese der theoretischen Überlegungen

Derzeit setzen sich die wichtigsten gesellschaftlichen Megatrends aus dem demografischen Wandel, einer neuen Stufe der Individualisierung, Frauen auf dem Vormarsch/Gender-E-Quality, der kulturellen Vielfalt, neuen Mobilitäts-/Konsummunster, Inklusion und dem Wandel in der Arbeitswelt zusammen.[60] Diversity steht demnach als „Dach" über vielen Megatrends. Wie bereits in Kapitel 3.1 aufgeführt, liegt die Geschlechter-Dimension von Diversity im Fokus der gesellschaftlichen, politischen und personalpolitischen Betrachtungen und wirkt sich ebenfalls auf die Megatrends aus.

Betrachtet man die Entwicklung der Gleichstellung, so zeigt sich auf Basis der Ergebnisse der Literaturanalyse, dass immer noch eine traditionelle Gleichstellungspolitik vorherrscht, bei der es gilt, die Benachteiligung der Frau auszugleichen.[61] Im Rahmen des modernen Gender Mainstreaming sollten jedoch die Maßnahmen mit dem Ziel der Gleichstellung bzw. Chancengleichheit gleichermaßen an Frauen und Männer gerichtet sein.[62] Die Männer und auch ihre Perspektive zu derzeitigen Maßnahmen der Gleichstellung bleiben in den Fachzeitschriften weitgehend unberücksichtigt. Demnach bestätigt sich die eingangs aufgestellte Annahme, dass Männer nicht ausreichend in die Gleichstellungsmaßnahmen eingebunden werden. Dies zeigt sich dadurch, dass zum einen in keinem der Artikel eine Fördermaßnahme für Männer erwähnt wurde, und zum anderen dadurch, dass nur in wenigen Artikeln auf die Sichtweise bzw. Bedürfnisse der Männer eingegangen wurde. Es besteht folglich kaum gesellschaftlicher bzw. politischer Handlungsbedarf für das männliche Geschlecht. Männer müssen sich demnach eigenständig eine Gender-Kompetenz aneignen, während Frauen zusätzlich zu

---

[60] Vgl. Welpe (2014), S. 17.
[61] Vgl. Soiland (2009), S. 37.
[62] Vgl. Bollmann/Onnen-Isemann (2010), S. 217.

ihrer eigentlichen Berufsqualifikation an unterschiedlichsten Gender-Maßnahmen teilnehmen müssen.[63]

Dabei sind Männer bei allen Fördermaßnahmen zumindest unmittelbar betroffen. Zwar war das Objekt der traditionellen Gleichstellung die benachteiligte Frau, jedoch ist mit dem Gender-Konzept auch der Mann ein Teil der Gleichstellung bzw. Gleichstellungspolitik geworden. Frauenfördermaßnahmen haben nicht nur Auswirkungen auf die berufliche Entwicklung von Frauen, sie betreffen ebenso Männer. Gibt es z.B. mehr Frauen in Führungspositionen, ist eine Aufstiegsposition nicht nur von den Männern umkämpft, sondern der Wettbewerb erstreckt sich auf beide Geschlechter und kann zum Wettbewerb zwischen den Geschlechtern und somit zum Geschlechterkampf führen. Weiterhin haben Frauen in Führungspositionen zur Folge, dass Männer ihre Verhandlungskompetenzen um eine weitere Komponente ergänzen müssen, wenn sie es nicht mehr nur mit männlichen, sondern auch mit weiblichen Verhandlungspartnern zu tun haben. Sie treten also nicht mehr nur als Verursacher der Benachteiligung auf, sondern ebenfalls als Zielgruppe der Diversity-Bemühungen. Umso wichtiger ist es, Männer nicht aus dem Blick zu verlieren. Sie sind wichtige Faktoren auf dem Weg zur Chancengleichheit und machen eine Umsetzung erst möglich. Von entscheidender Bedeutung ist dabei das tiefere Verständnis zahlreicher Themenfelder innerhalb der Geschlechtergruppe, die sich zwischen Frauen und Männern unterscheiden. Das Ziel der Gleichstellung kann also nur verfolgt werden, indem Männer und Frauen partnerschaftlich zusammenarbeiten.[64] Dieser Meinung ist auch ein Proband, der folgendes in seiner Umfrage betonte: „Weil hier unter dem Deckmantel der Gleichstellung die Frau besonders behandelt wird, eben jene Sonderbehandlung [!] die Frauen bei Männern anklagen. Es sollte eine Abteilung geben die sicherstellt dass Frauen auch zu Netzwerken Zugang erhalten, aber firmenintern sollte man sich nicht separat gruppieren sondern als Team mit den Männern."

Es gibt folglich zwei Ansätze, die verfolgt werden müssen. Zum einen müssen Männer im Rahmen des Gender Mainstreaming durch spezielle Fördermaßnahmen einbezogen werden, zum anderen müssen sie als partnerschaftliches Gegenüber der auf Frauen ausgerichteten Gleichstellungspolitik betrachtet werden.[65]

---

[63] Vgl. Soiland (2009), S. 44.
[64] Vgl. Geppert/Scheele (2015), S. 119-122.
[65] Vgl. Geppert/Scheele (2015), S. 122.

4 Diversity Management und junge Männer – Empirische Untersuchung

4.1 Methode

Die empirische Untersuchung wurde anhand eines Fragebogens in elektronischer Form und in Papierform durchgeführt. Es wurden insgesamt 23 junge Männer im Alter von 18 bis 35 Jahren zu ihrer Einstellung zu Diversity Management-Maßnahmen für Frauen befragt.

Zunächst wurden die demografischen Daten der Probanden aufgenommen, insbesondere soziale Merkmale zum Beruf, wie z.B. Position, Branche, Firmengröße, Studiengang.

Der Fragebogen umfasste elf Hauptfragen, von denen drei Fragen in Teilfragen aufgegliedert waren. Insgesamt wurden den Probanden 24 Fragen gestellt: 14 der Fragen bestanden aus offenen Fragestellungen, bei zehn der Fragen handelte es sich um geschlossene Fragen.

Die ersten Fragen zielten auf die persönliche Meinung der Probanden zur Frauenförderung im Allgemeinen ab und forderten die Nennung von Argumenten für und gegen eine Frauenförderung. Danach wurde der Proband mit der Männerperspektive konfrontiert, indem er aus seiner Sicht bejahen oder verneinen sollte, ob es Vorteile der Frauenförderung für Männer gibt und wenn ja, welche Vorteile er sieht. Weiterhin wurde der Proband aufgefordert, bekannte Maßnahmen zur Frauenförderung zu nennen, um festzustellen, ob er sich bereits mit dem Thema der Frauenförderung auseinandergesetzt hat bzw. im Berufsleben damit konfrontiert wurde. Erst mit der darauffolgenden Frage wurde speziell danach gefragt, ob und wieso sich der Proband durch die Anwendung von Frauenförderungsmaßnahmen benachteiligt fühlt. Im Anschluss an diese Frage wurden dem Proband konkrete Maßnahmen genannt, die er bezüglich einer Benachteiligung nach seinem Empfinden beurteilen sollte. Daraufhin wurde in einer geschlossenen Frage danach gefragt, ob der Proband eine längere Elternzeit in Anspruch nehmen würde und ob er denkt, dass sein Arbeitgeber ihm als Mann ebenso die Möglichkeit dazu geben würde, wie einer Frau. Anschließend wurde danach gefragt, ob Unternehmen durch die Einführung der Frauenquote Männer auf ihrem Karriereweg benachteiligen und ob der Proband bereits eigene Erfahrungen diesbezüglich gesammelt hat. Des Weiteren wurde der Proband aufgefordert bestimmte Frauenförderungsmaßnahmen nach ihrer Bedrohung zu bewerten. Abschließend sollte der Proband Maßnahmen für Politik und Unternehmen vorschlagen, um die Chancengleichheit zwischen Männern und Frauen herzustellen sowie Maßnahmen, die ergriffen werden müssen, damit sich Männer nicht durch Frauenförderungsmaßnahmen bedroht bzw. benachteiligt fühlen.

Der vollständige Fragebogen befindet sich im Anhang (siehe Anhang 1).

4.2 Darstellung und Interpretation der Ergebnisse

4.2.1 Allgemeine und demografische Daten

Die empirische Untersuchung wurde vom 19.02.2016 bis 08.04.2016 durchgeführt. Es beteiligten sich insgesamt 23 Probanden, von denen einer die Altersgrenze überschreitet und somit nicht in der Auswertung berücksichtigt wurde. Demnach beziehen sich die Ergebnisse der Untersuchung auf insgesamt 22 Probanden.

Die Probanden sind zwischen 22 Jahren und 35 Jahren alt und weisen ein Durchschnittsalter von 28,1 Jahren auf. Je Altersspanne von fünf Jahren sind etwa gleich viele Probanden vertreten (vgl. Abbildung 3). Insgesamt sind 21 Akademiker und ein Nicht-Akademiker vertreten. Der Schwerpunkt der Studienwahl liegt dabei auf der Wirtschaftswissenschaft und umfasst die Betriebswirtschaftslehre, das Wirtschaftsingenieurwesen, die Wirtschaftsinformatik sowie den Maschinenbau. Vermeintlich weiblich dominierte Studiengänge sind hier nur durch Medien-Studiengänge wie den Filmwissenschaften und Technikjournalismus vertreten.

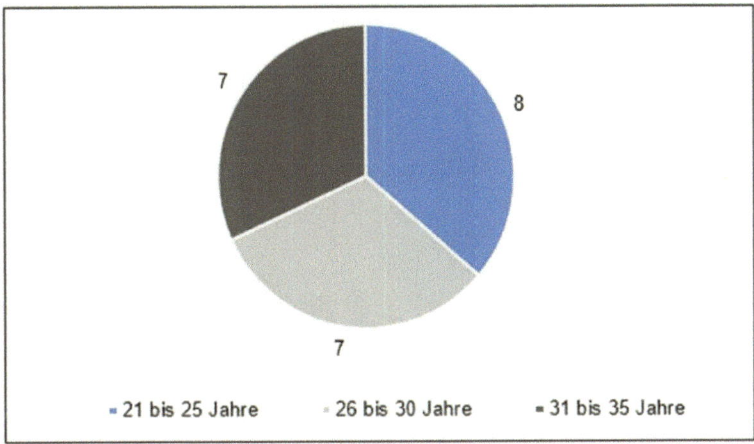

Abbildung 3: Altersverteilung der Probanden[66]

In Unternehmen mit einer Größe von 15 bis 350.000 Mitarbeitern sammelten die Probanden im Schnitt 4,6 Jahre Berufserfahrung. Dabei sind acht der Probanden hauptberuflich Studenten, von denen die Hälfte in keinem Unternehmen tätig ist. Die andere Hälfte der Studierenden ist als Aushilfe oder Praktikanten beschäftigt. Die übrigen Probanden verteilen sich auf 11 Angestellte, einen Beamten, einen Selbständigen und einen Auszubildenden. Abbildung 4 zeigt die Verteilung aller Probanden nach Branchen. Auffällig dabei ist, dass die Probanden zu etwa zwei Dritteln in typischen Männerbranchen wie z.B. der Automobilindustrie oder Informations- und Telekommunikation beschäftigt sind.

---

[66] Quelle: Selbsterstellte Grafik

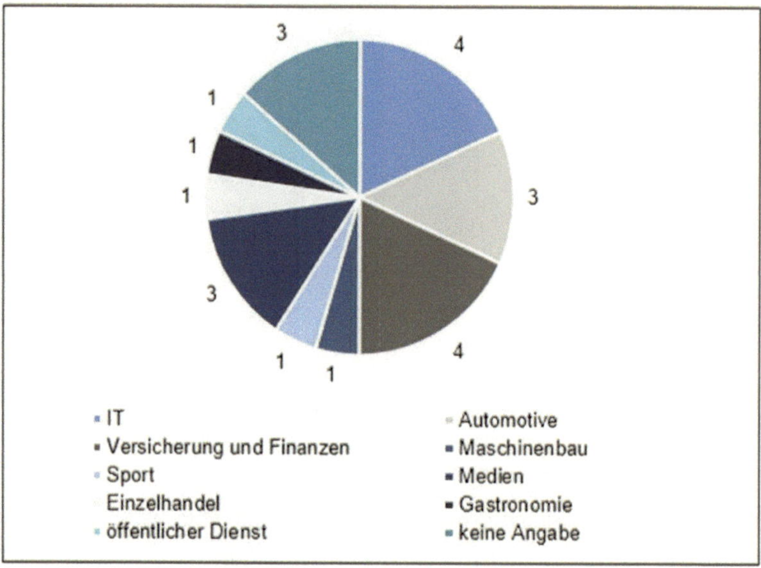

Abbildung 4: Verteilung der Probanden nach Branche[67]

Der durchschnittliche männliche Proband ist demnach 28 Jahre alt, Akademiker mit einem Abschluss in einem männerdominierten Studiengang und angestellt in einem Unternehmen mit ca. 40.000 Mitarbeitern.

4.2.2 Themenbezogene Auswertung

Die Probanden äußerten sich überwiegend positiv zum Thema Frauenförderung im Allgemeinen: Neun der Probanden stehen der Frauenförderung positiv gegenüber und lediglich acht der 22 Teilnehmer empfinden die Frauenförderung als negativ. Die übrigen fünf Antworten lassen sich mit folgendem Zitat abbilden: „Frauenförderung ist grundsätzlich nicht falsch, wenn man von einer flächendeckenden Benachteiligung von Frauen ausgeht. Sie darf aber nicht dazu führen, dass Frauen bevorzugt behandelt werden. Letztlich sollte gleiche Arbeit gleich behandelt werden. Bei gleichen Voraussetzungen und Qualifikationen eine Frau bei der Stellenvergabe vorzuziehen, führt im Einzelfall dann auch wieder zu Diskriminierung."

---

[67] Quelle: Selbsterstellte Grafik

Als Gründe, die für die Frauenförderung sprechen, wurde vor allem der Ausgleich von Benachteiligungen, insbesondere in Bezug auf Kindererziehungszeiten, bzw. das Herbeiführen von Gleichberechtigung genannt. Demnach haben die Probanden erkannt, dass es einen Unterschied zwischen Frauen und Männern gibt, bei dem die Frauen schlechter gestellt sind. Weiterhin wurde von einer Vielzahl der Probanden aufgeführt, dass Frauen andere bzw. bessere Eigenschaften besitzen, die praxisrelevant sind und Männer nicht oder nur gering aufweisen. Hierzu gehört auch die Ansicht, dass sich die Perspektive der Frau von der männlichen unterscheidet und für diverse Unternehmensbereiche essentiell ist. Zudem tragen Frauen zu einem positiveren Arbeitsklima bei. Die beiden letzten Punkte werden ebenso als Vorteil aus der Frauenförderung für Männer angesehen.

Demgegenüber steht die Meinung, dass die derzeit betriebene Frauenförderung keine Gleichberechtigung darstellt, sondern dazu führt, Frauen gegenüber Männern zu bevorteilen. Ein Proband formuliert dies so: „Durch vergangene Benachteiligungen wird nun extrem viel für Frauen getan und nur für Frauen, sodass es nun mittlerweile zu einem Ungleichgewicht auf der anderen Seite kommt. Zwar ist die Emanzipation auf Berufsfeldebene noch nicht angelangt, jedoch durch die erweiterte Unterstützung (und Bevorteilung) der Frauen gibt es nun 2 Ungleichgewichte. Einmal seitens der Unterstützung im Berufssektor (hier liegt der Nachteil auf Seiten der Männer) und das andere seitens der Berufsfeldbesetzung bzw. der Akzeptanz der Frauen im Beruf (hier liegt der Nachteil auf Seiten der Frauen)." Ergänzend hierzu sagt ein anderer Proband „Ich denke, Frauen wollen wegen Ihre [!] Leistung gefördert werden, nicht wegen der Quote."

Die befragten Männer sind demnach grundsätzlich für den Ausgleich der Benachteiligung von Frauen im Berufsleben. Über die Hälfte der Probanden sieht in der Frauenförderung sogar Vorteile für Männer. Der Spitzenreiter der Vorteile bildet die Selbstverwirklichung der Männer. Sie haben durch die Karrierefrauen die Möglichkeit und mehr Zeit um Hobbys nachzugehen, als Hausmann zuhause zu bleiben, sich auf die Familie zu konzentrieren und die Kinder (mit) zu erziehen. Abbildung 5 zeigt, wie viele der Teilnehmer Elternzeit in Anspruch nehmen würden.

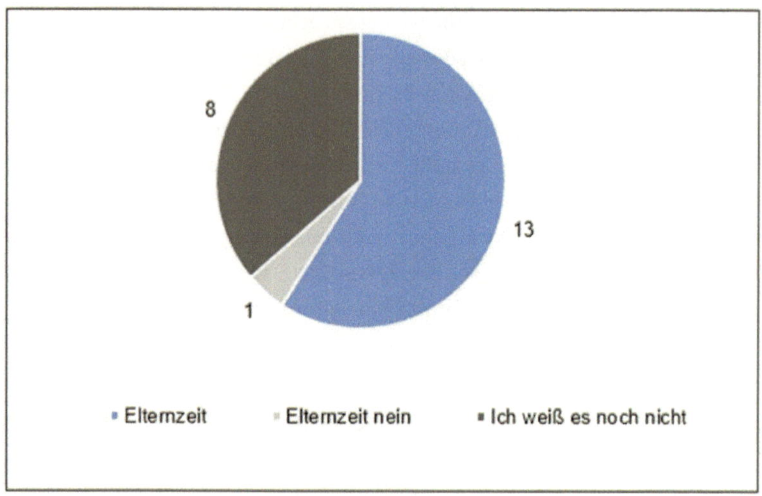

Abbildung 5: Inanspruchnahme von Elternzeit[68]

Die folgende Abbildung 6 zeigt den Probanden bekannte Frauenfördermaßnah-men. Die bekannteste Maßnahme ist die Frauenquote, die 2015 in den Medien und Fachzeitschriften am häufigsten diskutiert und 2016 gesetzlich eingeführt wurde. Sie ist auch die als am meisten bedrohende Maßnahme der Frauenförde-rung empfunden worden. Dabei gab es sechs Stufen von 1 „größte Bedrohung" bis 6 „keine Bedrohung". Anhand der durchschnittlichen Bewertung durch die Pro-banden ergibt sich folgendes Ranking:

1. Frauenquote   2,95
2. Spezielle Förderprogramme   3,36
3. Mentoring   3,86
4. Veränderung der Unternehmenskultur   3,91
5. Frauennetzwerke   4,09
6. Flexible Arbeitszeitmodelle   5,18

Wird der Fokus auf die durchschnittliche Bewertung gelegt, zeigt sich, dass die am meisten bedrohende Maßnahme lediglich bei 2,95 liegt und damit fast die Mit-te der Einstufungsskala widerspiegelt. Demnach fühlen sich junge Männer im All-gemeinen nur mäßig bis gar nicht von Frauenfördermaßnehmen bedroht. Wobei

---

[68] Quelle: Selbsterstellte Grafik

ein Einwand berücksichtigt werden muss, der am besten durch das Zitat eines Probanden im Anschluss an die Einstufung beschrieben werden kann: „das (die Durchführung der Einstufung) heißt jetzt nicht automatisch [!] dass ich mich bedroht fühle".

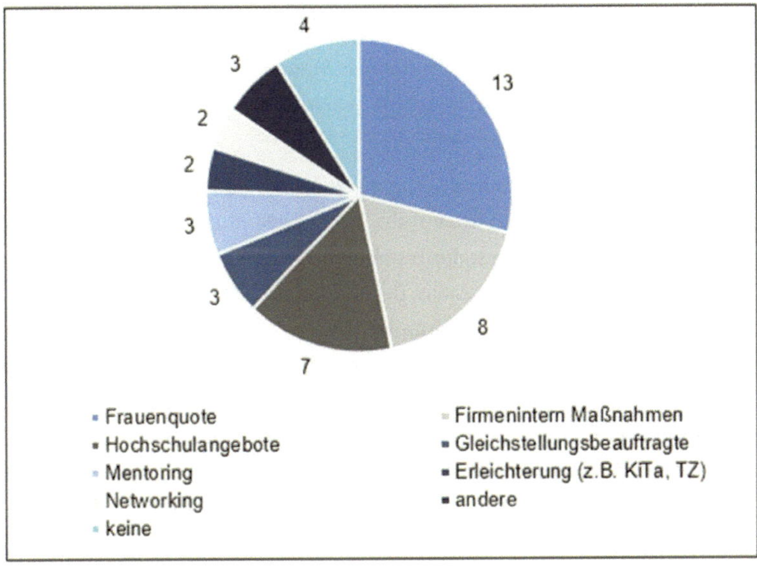

Abbildung 6: Bekannte Maßnahmen im Rahmen der Frauenförderung[69]

Der Aspekt der Benachteiligung wurde im Gegensatz zur Bedrohung durch Frauenfördermaßnahmen anders bewertet: Acht der Probanden fühlen sich durch Frauenfördermaßnahmen benachteiligt, 14 nicht. Gründe für ein Empfinden von Benachteiligung waren vor allem die Reduzierung auf das Geschlecht sowie die Annahme, dass die Maßnahmen keine Gleichstellung sondern eine Sonderstellung von Frauen herbeiführen. Ein Proband beschreibt dies folgendermaßen: „Durch vergangene Benachteiligung wird nun versucht [!] Frauen extrem zu fördern und es wird vergessen, dass diese Förderung lediglich eine Gleichstellung zur Folge haben sollte und keine Sonderstellung der Frauen." Dem gegenüber stehen die Ansichten der 14 übrigen Probanden, die der Meinung sind, dass sich Leistung durchsetzen wird und die Maßnahmen berechtigt im Sinne der Gleichstellung von

---

[69] Quelle: Selbsterstellte Grafik

Männern und Frauen sind. Zudem wurde aufgeführt, dass neben Frauenfördermaßnahmen auch allgemeine Fördermaßnahmen angeboten werden, die Männer in Anspruch nehmen können, wenn sie diese überhaupt benötigen. Auch hierzu gibt es belegende Aussagen der Probanden, wie z.B. „Ist jemand besser im Beruf so wird derjenige früher oder später an mir vorbeiziehen. Dies sehe ich nicht als Nachteil, sondern eher als natürlich. Dafür spielt es keine Rolle ob es ein Mann oder eine Frau ist." oder „Weil für mich als Mann so gut wie alle Vorteile im [!] Bezug auf Karriere, Bezahlung, Autorität gegenüber Kollegen und Kunden auf meiner Seite liegen."

Des Weiteren wurde die Benachteiligung anhand konkreter Praxisbeispiele durch die Probanden beurteilt. Dabei wurden folgende Maßnahmen, die sich ausschließlich an Frauen richten, durch die Teilnehmer bewertet: firmeninterne Netzwerke, Stipendien, Nachwuchsprogramme für Führungskräfte, Mentoring und Quoten. Es stellte es sich heraus, dass die jungen Männer vorrangig Benachteiligung im finanziellen Bereich empfinden. Das Stipendium der Henry Ford Stiftung für überdurchschnittlich gute Abiturientinnen und Studentinnen wurde von 13 Probanden als Benachteiligung empfunden. Gründe dafür sind, dass Frauen hier besonders und nicht gleichgestellt behandelt werden und die Leistung von Männern vermeintlich keine Rolle spielt bzw. keine Anerkennung erfährt. Dabei blickt einer der Probanden über den Tellerrand hinaus: „Hier sollte wahrscheinlich ein Anreiz geschaffen werden [!] um Frauen in technische Berufe zu locken. Dies ist aber nur ein finanzieller Anreiz für die Zeit des Studiums und lockt Frauen eventuell in einen Beruf [!] den Sie [!] gar nicht ausüben wollten. Hier hätte ich mich benachteiligt gefühlt, da ich als Mann selbst für mein Studium aufkommen und Energie in die Finanzierung stecken müsste." Obwohl dieser Proband eine Benachteiligung empfunden hätte, denkt er jedoch auch an den langfristigen Wert der Maßnahme für Frauen. Dies haben im gesamten Verlauf der Umfrage einige Probanden getan. Oft wurden die Frauenfördermaßnahmen negativ bewertet, da sie dem Image der (Karriere-)Frau schaden. Würde diese gefördert, bedeutet es nach Meinung der Probanden, dass es ein Defizit in ihrer Eignung bzw. Qualifikation gibt. Ein Proband äußerte sich folgendermaßen zur Frauenquote: „Wenn mir eine gleich qualifizierte Frau (oder schlechter) vorgezogen wird um die Quote zu erfüllen, ist das nicht zielführend. Ich hab [!] mir mein Geschlecht schließlich auch nicht ausgesucht. Außerdem kann ich mir nicht vorstellen, dass eine Frau auf Dauer erfolgreich eine Führungsposition einnehmen kann, wenn sich herumspricht, dass es bessere Alternativen gegeben hätte (‚Quotenfrau')." Weiterhin sagt ein anderer

Proband: „Solche Maßnahmen sind davon abhängig, ob die weiblichen Führungskräfte kompetent sind, wenn sich unter den Mitarbeitern die Meinung durchsetzt, dass eine Frau ohne Quote nicht in ihre Position gekommen wäre [!] hat sie nicht die Autorität [!] um die ihr zugedachte Rolle angemessen auszuführen.“

Neben dem Stipendium der Henry Ford Stiftung gab es lediglich eine weitere Maßnahme, bei der sich mehr als die Hälfte der Teilnehmer benachteiligt gefühlt hätte. Dabei handelt es sich um die bei der Telekom 2010 eingeführte Frauenquote. Die Probanden empfinden die Besetzung von mindestens 30% der oberen und mittleren Führungspositionen als ungerecht und führen an, dass die Leistung bzw. Qualifikation, und nicht das Geschlecht, bei der Personalauswahl eine Rolle spielen sollte. Zudem gaben 12 Probanden an, dass Unternehmen Männer nach der Einführung der Frauenquote benachteiligen, da diese einem gewissen öffentlichen Druck unterliegen. Demnach ist nach der Meinung der Probanden der Ursprung für Benachteiligung nicht im Unternehmen verwurzelt, sondern liegt vielmehr in politischen Maßnahmen begründet.

Um die Chancengleichheit zu gewährleisten, empfehlen die Probanden der Politik und den Unternehmen Transparenz zu schaffen, indem viel mehr kommuniziert und sensibilisiert wird. Zu diesem Aspekt gehört auch, dass verstärkt an der vorberuflichen Aufklärung über Branchen und Laufbahnen gearbeitet werden müsse. Weiterhin müsse die Gleichberechtigung im Berufsleben mehr auf die Leistung abgestimmt werden, anstelle sie an dem Geschlecht auszurichten. Jedoch sind sich die Probanden auch einig, dass sich die Politik und Unternehmen etwas bremsen müssen. Ein Proband beschreibt diese Ansicht zusammenfassend wie folgt: „Nicht versuchen mit aller Gewalt ungleiches gleich zu schalten. Der Unterschied zwischen Männer und Frauen wird solange bestehen, wie es die beiden Geschlechter gibt. Eine Gleichheit vor dem Gesetz auf Basis des Faktor [!] Mensch ist stets zu begrüßen. Jedoch sollte man sich überlegen, wie unsere Gesellschaft aussehen wird, wenn alle nur noch Karriere machen, der Nachwuchs, wenn überhaupt noch gewollt und gewünscht, vergessen wird und wer dafür die Zeche zu zahlen hat. Des weiteren [!] ist die tatsächliche Frauenförderung doch eigentlich ein Luxusproblem, quasi der Joker, der dann gezogen wird, wenn es irgendwo nach der 4 [!] Sprosse auf der Karriereleiter mal klemmt. Chancengleichheit lasst [!] sich übrigens nur in Gleichwertigen [!] Milieus herstellen. Auftrag der Politik wäre es [!] alle bildungsfernen Schichten, [!] (besonders Frauen [!] die hier perspektivisch besonders betroffen [!]) in Lohn und Brot zu bringen. Aufgabe der

Wirtschaft wäre es auch [!] gering qualifizierte [!] zu beschäftigen, damit auch sie eine faire Chance auf gesellschaftliche und wirtschaftliche Teilhabe haben."

4.3 Zwischenfazit

Frauenfördermaßnahmen sind dem Grunde nach nicht schlecht, jedoch muss bei der Ein- und Durchführung darauf geachtet werden, dass Männer miteinbezogen und aufgeklärt werden. Weisen die Männer ein gewisses Verständnis auf, schätzen und befürworten sie die Frauenförderung, da vor allem die Perspektive der Frau sowie gemischte Teams positiv wahrgenommen, gewünscht und erlebt werden. Männer und Frauen weisen unterschiedliche biologische Geschlechter auf, aber folgen einem ähnlichen Handlungsmuster und können ohne einander nicht existieren.

Die Teilnehmer der Umfrage haben hierzu mehrfach betont, dass sie die weiblichen Eigenschaften schätzen und für den Erfolg im Unternehmen als essentiell ansehen. Zudem sind die Probanden der Ansicht, dass Frauen für ein ausgeglichenes und gutes Betriebsklima förderlich sind. Daher werden Maßnahmen, die die weibliche Kompetenz fördern, durchaus von Männern akzeptiert und ohne Bedrohung wahrgenommen und erlebt. Als negativ werden Frauenfördermaßnahmen bewertet, die finanzieller Natur sind oder zu einem höheren Status als dem des Mannes führen. Der Leistungsaspekt ist den männlichen Probanden wichtiger, als die Frau durch Fördermaßnahmen gleichzustellen. Werden Frauenfördermaßnahmen also in einem erheblichen Umfang angeboten, führt dies dazu, dass Männer die Maßnahmen als Bedrohung ansehen, die den Frauen zudem eine Sonderstellung zusprechen. Ebenso haben die Probanden angegeben, dass aus der Frauenförderung ein Ungleichgewicht entsteht, was den Geschlechterkampf anheizt, den es zu bekämpfen gilt. Dies spiegelt das Zitat eines Probanden wieder: „Ich glaube, dass der Ausschluss der Männer aus den Frauenförderungsmaßnahmen nicht zielführend ist. Der Geschlechterkampf ist so stark verwurzelt." Das partnerschaftliche Miteinander muss im Vorfeld gesichert werden, so dass kein Ungerechtigkeitsempfinden auf Seiten der Männer entstehen kann. Weiterhin muss transportiert werden, wieso gewisse Fördermaßnahmen nur für Frauen zugänglich sind, damit sich Männer nicht benachteiligt fühlen und Männer- bzw. Frauenlager innerhalb des Unternehmens entstehen.

Den Nachteilen, die bereits aufgeführt wurden, stehen jedoch einige Vorteile gegenüber, die auch von den Probanden erkannt wurden. Durch das Gender Mainstreaming eröffnet sich ihnen die Möglichkeit, den eigenen Lebensentwurf auszugestalten und an Haushalt und Kindererziehung teilhaben zu können. Die Rollenflexibilität führt auch dazu, dass Bereiche, in denen Männer bislang benachteiligt oder diskriminiert wurden, offensichtlich werden.[70] Zum Beispiel mussten Männer in der Vergangenheit Wehr- oder Zivildienst kostenlos ableisten und im Fall des Krieges das Risiko zu sterben in Kauf nehmen, während die Frauen zuhause bleiben durften. Weiterhin gibt es ein Frauen-, jedoch kein Männerministerium, genauso wie es gemischte Saunen und Fitnessstudios gibt. Dem gegenüber steht jedoch kein rein Männern zugängliches Angebot. Auch können Männer die Pension erst später als Frauen antreten. Wie sich zeigt, gibt es Benachteiligung von Männern in vielen Lebensbereichen, auch wenn diese nicht so offensichtlich ist, wie die Benachteiligung von Frauen.

4.4 Kritische Würdigung der Ergebnisse

Bei der Durchführung der Umfrage tauchten einige Problemfelder auf. Zum einen auf Seiten der Teilnehmer bzw. Probanden, zum anderen auf Seiten der auswertenden Person.

Zunächst sollte die empirische Untersuchung in Form eines Interviews durchgeführt werden. Aufgrund der persönlichen Anwesenheit eines (weiblichen) Interviewers waren die Probanden jedoch zurückhaltend mit ihrer Meinung, wenn sie diese überhaupt kundgetan haben. Die Folge daraus war eine Verzerrung der Ergebnisse, woraufhin das Interview als Umfrage durchgeführt wurde. Als PDF und in Papierform wurde der Fragebogen verteilt oder über das Internet an Probanden versandt. Nach erneuter Überprüfung der beantworteten Fragebögen nahmen die Validität und auch die Qualität der Ergebnisse zu und die Form der Umfrage wurde zur weiteren Datenerhebung beibehalten.

Inwieweit die Probanden die Fragen zu diesem sensiblen Thema wahrheitsgemäß beantworten haben, kann nicht festgestellt werden. Das Wissen über die Auswertung durch eine weibliche Person, könnte weiterhin zu einer Anpassung der Antworten an die vermutete Erwartungshaltung geführt haben. Weitere Maßnahmen zur Sicherung der Ergebnisse konnten jedoch nicht ergriffen werden, da eine absolute Anonymität der Probanden und der durchführenden Person nicht möglich war. Mithilfe einer Onlineumfrage wäre der Proband zwar nicht identifizierbar,

---

[70] Vgl. Ehrhardt/Jansen (2013), S. 16.

jedoch bleibt die Tatsache bestehen, dass eine weibliche Person die Umfrage durchführt und auswertet. Weiterhin waren zu Beginn keine jungen Männer im Alter zwischen 18 und 30 Jahren bereit, an der Umfrage teilzunehmen. Lediglich Bekannte im Alter von 30 Jahren aufwärts nahmen eigeninitiativ an der Umfrage teil, worauf die Altersgrenze von 30 auf 35 Jahre angehoben wurde. Erst mit der Verlosung eines 20 Euro Gutscheins, haben sich einige Teilnehmer gewinnen lassen, die der alten sowie neuen Altersspanne entsprachen. Die Teilnahme erfolgte dabei jedoch selten freiwillig und nur mit Nachdruck. Bei der Verbreitung über soziale Netzwerke erfolgten rege Diskussionen, jedoch blieb die Teilnahme aus.

Auch die Auswertung ist kritisch zu betrachten. Da es sich bei den Fragen hauptsächlich um offene Fragen und somit letztlich um eine qualitative Umfrage handelt, konnte keine Analyse mithilfe von statistischen Programmen durchgeführt werden. Die Auswertung erfolgte manuell und ist demnach durch das Verständnis der auswertenden Person beeinflusst. Die Antworten waren zumeist eindeutig, wiesen aber stets Interpretationsspielraum auf. Nur mit Rückfragen und Nachgesprächen konnten die Antworten wahrheitsgemäß abgebildet und die Aussage eindeutig festgehalten werden.

Weiterhin lässt sich aufgrund der kleinen Stichprobe und mäßigen Teilnahme keine allgemeingültige Aussage über die Einstellung von jungen Männern zu Diversity Management-Maßnahmen für Frauen treffen. Dennoch ermöglicht es einen Einblick in die Einstellung und persönliche Meinung der Männer zur Frauenförderung und darf als Impulsgebung nicht unterschätzt werden.

5 Handlungsempfehlungen

Diversitätsbewusste Unternehmensführung zielt auf die gleiche und faire Behandlung aller Mitarbeiter ab. Karriereentwicklungsmöglichkeiten müssen folglich allen Mitarbeitern zugänglich sein und nicht nur denen, die ehemals benachteiligt waren und daher Vorteile aufgrund moralisch begründeter Quoten haben könnten. Diversitätsmanagement soll daher nicht primär auf den wirtschaftlichen Erfolg des Unternehmens ausgerichtet sein, sondern vorrangig als antidiskriminierendes Managementinstrument verstanden werden. Der Abbau von Diskriminierung und die Gleichbehandlung aller Mitarbeiter sowie die optimale Nutzung und Förderung der Vielfalt müssen die obersten Ziele des Diversitätsmanagements darstellen.[71]

Um die Ziele eines guten Diversitätsmanagements zu verfolgen, muss zunächst daran gearbeitet werden, Diskriminierungsprozesse zu vermeiden. Einflussmöglichkeiten auf soziale Diskriminierung bestehen kaum, daher liegt der Handlungsbedarf auf Seiten der Unternehmen, die der institutionellen Diskriminierung entgegenwirken müssen. Mögliche Maßnahmen sind daher in der Organisationsentwicklung anzusetzen. Dazu gehört, wie auch von den Probanden angeführt, eine klare Kommunikation und Transparenz. Die Mitarbeiter benötigen zu einer besseren Akzeptanz und Nachvollziehbarkeit ein hohes Informationslevel sowie Sensibilisierung.[72] Kommt es nämlich bei der Belegschaft dazu, dass sie sich in Folge von der Anwendung der Diversity Management-Maßnahmen als Gewinner oder Verlierer sehen, werden sich Spannungen und Konflikte bilden und die Motivation abnehmen, was sich negativ auf den Unternehmenserfolg auswirkt und zum Geschlechterkampf innerhalb der Belegschaft führt. Liegt eine solche Entwicklung im Unternehmen vor, sind bei der Anwendung von Diversity Management-Maßnahmen Fehler erfolgt. Zumeist bestehen diese in einer mangelnden Miteinbeziehung der Mitarbeiter, wodurch die Diversity-Maßnahmen nicht erfolgreich integriert und umgesetzt werden können. Für den Einbezug der Mitarbeiter in den Diversity-Prozess, ist es erforderlich, dass diese ein ausreichendes Wissen sowie Verständnis vorweisen. Dies kann durch Schulungsmaßnahmen, Seminare und Workshops erlangt werden, die Top-Down erfolgen.[73] Wie in Kapitel 2.2 er-

---

71 Vgl. Schulz (2009), S.. 68-69.
72 Vgl. Becker (2015), S. 33-34.
73 Vgl. Koberwein/Stein (2008), S. 143-144.

wähnt, vollzieht sich der Diskriminierungsprozess oftmals unbewusst. Demnach muss den diskriminierenden Personen ihr unbewusst diskriminierendes Verhalten bewusst gemacht werden. Kann dies erfolgreich umgesetzt werden, wird die Stereotypenbildung eingeschränkt und in dessen Folge die soziale Diskriminierung abnehmen. Um dieses Ziel zu erreichen, muss vor allem an der Teamstärkung gearbeitet werden, um den innerbetrieblichen Wettbewerb zu reduzieren, der eben jene Diskriminierung fördert.[74]

Aufbauend auf den Dimensionen von Diversity (vgl. Kapitel 2.1) lassen sich Handlungsfelder ableiten, aus denen sich wiederum Maßnahmen für Diversity Management ableiten lassen. Diese haben das Ziel, die Vielfalt auszubilden und daraus Vorteile zu generieren sowie eine Benachteiligung bzw. Nachteile von Diversity abzubauen und zu vermeiden. Tabelle 2 veranschaulicht die Diversity-Dimensionen mit den dazugehörigen Handlungsfeldern und daraus resultierende Maßnahmen.[75]

Diversity-Dimensionen	Diversity-Handlungsfelder	DIM-Maßnahmen
Personale Dimension **Geschlecht, Alter, Ethische Zugehörigkeit, sexuelle Orientierung, Religion**	Gender-Mainstreaming Age Diversity Chancengerechtigkeit Anti-Diskriminierung	Frauenförderprogramme Inter-Generationen-Dialoge Kulturtage
Funktionale Dimension **Mutter, Vater, Mitarbeiter, Führungskraft, Migrant, Auszubildender**	Work-Life-Balance DIM-Führung Integration PE und Platzierung Einkommen	Teilzeit-Programme Führen in Teilzeit Flexi-Qualifizierung Sprachförderung
Umwelt-Dimension **Kultur, Wirtschaft, UN-Philosophie, Wettbewerb**	UN-Philosophie DIM-Konzepte DIM-Werte	Organisationsgestaltung Kulturtage Wertemanagement Vielfalt als Strategie-Workshop Zertifizierung

Tabelle 2: Diversity-Dimensionen, -Handlungsfelder und -Maßnahmen[76]

---

[74] Vgl. Becker (2015), S. 31-33.

[75] Vgl. Becker (2015),S . 19.

[76] Quelle: Selbsterstellte Tabelle in Anlehnung an Becker: Systematisches Diversity Management, Stuttgart 2015, S. 20.

Um die Vielfalt von Frauen und Männern zu nutzen und diese dennoch auf die gleiche Augenhöhe zu bringen, kann sich an den pauschalen Handlungsfeldern und Maßnahmen orientiert werden, jedoch müssen Politik und Unternehmen mehr Fingerspitzengefühl aufbringen. Die Perspektive der Frauen, und die der Männer muss berücksichtigt werden, wobei den Unternehmen vor allem keine pauschalisierten Zielvorgaben auferlegt werden dürfen. Diversity bedeutet Vielfalt und ebenso müssen die Maßnahmen vielfältig sein. Die Frauenquote bspw. ist im Kern ein guter Gedanke und die Umsetzung wünschenswert. Wie die empirische Untersuchung jedoch aufzeigt, ist dies nicht der richtige Weg. Zum einen muss geklärt werden, ob es überhaupt genügend Frauen gibt, die die Positionen besetzen können und wollen, zum anderen müssen die Männer viel stärker über solche Maßnahmen aufgeklärt werden. Derzeit wird die Frauenquote von jungen Männern als Bevorzugung von Frauen verstanden, wobei die Leistung und Qualifikation unberücksichtigt bleiben.

Dies spiegelt sich auch durch die Vorschläge der jungen Männer in der empirischen Untersuchung wieder, die Maßnahmen nannten, mit denen Männer nicht durch Frauenfördermaßnahmen benachteiligt fühlen. Die spezielle und von Frauen separierte Förderung für Männer wurde am häufigsten genannt. Danach wurde bereits Aufklärung, Kommunikation und Transparenz gefordert sowie der Wunsch nach einer allgemeinen Förderung geäußert, die Männern und Frauen gleichermaßen zusteht. Einer der Probanden führt im Grunde alle genannten Maßnahmen auf: „Thema offen kommunizieren! Je nach Branche die Kollegen aktiv daran beteiligen, neue weibliche Angestellte für die Firma zu rekrutieren. Und nicht ‚nur für die Quote‘ plötzlich überall neue Frauen in den Abteilungen einstellen. Den Männern klarmachen, dass immer noch 70% der Positionen frei nach Qualifikation vergeben werden. Genug freiwillige Weiterbildungen für beide Geschlechter anbieten zusätzlich [!] um Anregungen zu schaffen [!] die 70% der Führungspositionen zu verteilen. Doppelt und dreifach sicherstellen dass die 30% der Frauen in der Quote auch zu 100% gut in ihrem Beruf sind. Sonst kann unter Kollegen schlechte Stimmung entstehen, wenn als Grund der Einstellung die Quote ausgemacht wird und nicht die Befähigung im Vordergrund steht. Transparenter Bewerbungsprozess für die neu eingestellten Frauen, um den eben genannten Punkt im Keim zu ersticken.“

6 Schlussbetrachtung

Wie sich in Kapitel 2.2 zeigt, führen Geschlechterstereotypen in unserer Kultur immer noch dazu, dass Frauen nicht gleichberechtigt zu Männern behandelt werden. Den Geschlechterrollen, mit dem Wissen über Unterschiede in Status und Werten, kann sich jedoch nur bedingt entzogen werden.[77] Die Diversity-Maßnahmen von Politik und Unternehmen sollen Abhilfe schaffen und die Chancengleichheit zwischen Frauen und Männern fördern. Frauenfördermaßnahmen sollen in Bezug auf Managing Diversity die Vorrangstellung von Männern brechen, um Frauen auf die gleiche Hierarchieebene zu bringen. Diversity Management soll mit Frauenfördermaßnahmen Frauen auf dem Weg zur Gleichstellung in besonderem Maße stärken. Im Sinne der Assimilationsthese werden sich die Geschlechter im Rahmen der Emanzipation aneinander angleichen. Die Rollenmuster werden getauscht, wodurch sich die klassischen Geschlechterrollen öffnen werden und zu einem Bild verschmelzen. Würde diese Entwicklung fortschreiten, ginge als negative Folge jedoch ein Verlust der Vielfalt mit einher.[78] Dennoch wird versucht, mit Diversity-Maßnahmen, die sich derzeit fast ausschließlich an Frauen richten, die Ungleichheit zwischen den Geschlechtern aufzuheben.

Wie eingangs erwähnt, bleiben Männer derzeit im Diversity Management unberücksichtigt. Das männliche Geschlecht mit seinen Anliegen steht weder politisch noch betrieblich oder gesellschaftlich im Fokus von Diversity. Auch in der Literatur sind sie kaum ein Thema (vgl. Kapitel 3). Dabei ist es wichtig, die männlichen Bedürfnisse zu berücksichtigen um vor allem Geschlechterrollen zu verstehen und zu öffnen. Z.B. fehlen in der frühkindlichen Erziehung männliche Vorbilder, die es ermöglichen, dass der Nachwuchs sich ein realistisches Bild von Männern machen kann. Weiterhin führt der Wandel in der Rollenwahrnehmung zur Rollenunsicherheit, weshalb Männer viele typisch weibliche Aufgaben verweigern. Außerdem sind immer noch viele Männer von selbstbewussten und starken Frauen im Berufsleben eingeschüchtert, weshalb sie die Konkurrenz um Führungspositionen meiden und keine Führungspositionen mehr anstreben. Hierzu zählt auch die Aufgabe, als Führungskraft ein Team aus starken Frauen führen zu müssen. Eine Folge könnte sein, dass es zukünftig kaum noch männliche Führungs-

---

[77] Noweck (2015), S. 34.
[78] Vgl. Becker (2015), S. 337.

kräfte geben wird.[79] Aber erst wenn dies in der Realität greifbar wird, werden sich Diversity Maßnahmen auch auf das männliche Geschlecht ausweiten.

Die empirische Untersuchung bestätigt, dass auch Männer sich durch Frauenfördermaßnahmen benachteiligt fühlen. Die Bedürfnisse müssen in das Blickfeld von Diversity-Maßnahmen rücken, denn auch für Männer bestehen Probleme durch hohe Arbeitsbelastungen und eine nahezu totale Verfügbarkeit für die Arbeit. Dadurch bleibt ihnen wenig Zeit für die Familie und Kinder. Gerade in der Führungsebene wird eine allumfassende Verfügbarkeit über Zeit und Arbeitseinsatz gefordert. Der Wandel in Unternehmen bzw. Organisationen vollzieht sich nur langsam, jedoch sind erste Einstellungsveränderungen erkennbar. Männer erleben dennoch Diskriminierung und berufliche Nachteile, wenn sie Elternzeit nehmen oder nehmen wollen. Es ist zwar ein deutlicher Anstieg in der Nutzung der „Vätermonate" zu verzeichnen, die Väterquote ist aber nach wie vor gering. Ein weiteres Beispiel bildet die Teilzeitarbeit als klassische Domäne von Frauen zur Vereinbarkeit von Familie und Beruf. Von Männern wird sie nur selten in Anspruch genommen, da sie einen beruflichen Karriereknick befürchten. Wobei das Ergebnis der empirischen Untersuchung belegt, dass die Inanspruchnahme der Elternzeit durch Männern genauso akzeptiert werden würde, wie wenn eine Frau Elternzeit beansprucht.13 Probanden sind der Meinung, dass ihr Arbeitgeber bei der Thematik Elternzeit keinen Unterschied zwischen Frauen und Männern macht und die Akzeptanz für beide Geschlechter gegeben ist. Die Unternehmen sollten dennoch hierauf reagieren, da sich die Tendenz abzeichnet, dass die Bedeutung des Privatlebens für Männer weiter ansteigen wird, womit immer mehr Männer zumindest zweitweise aus dem Unternehmen ausscheiden.[80]

Wie sich gezeigt hat, besteht die Erfordernis aufzuklären und zu kommunizieren, damit Offenheit und Toleranz zwischen den Geschlechtern entsteht. Herrscht ein Verständnis untereinander, wird Gleichberechtigung von selbst entstehen und Unternehmen können durch Diversity Maßnahmen die Chancengleichheit beschleunigen.

---

[79] Vgl. Becker (2015), S. 348-349.
[80] Vgl. Ehrhardt/Jansen (2013), S. 13-14.

Literaturverzeichnis

Becker, Manfred: Wissenschaftstheoretische Grundlagen des Diversity Management, in: Becker Manfred/Seidel, Alina (Hrsg.): Diversity Management – Unternehmens- und Personalpolitik der Vielfalt, Stuttgart 2006, S. 5-48.

Becker, Manfred: Systematisches Diversity Management – Konzepte und Instrumente für die Personal- und Führungspolitik, Stuttgart 2015.

Bergmann, Dana / Dick, Michael / Meyer, Kirsten: Wandel zur Interkulturalität in: Zeitschrift Führung und Organisation, 2015, 02/2015, S. 89-95.

Bild der Frau (Hrsg.): Der Mann 2013: Arbeits- und Lebenswelten – Wunsch und Wirklichkeit, Hamburg 2013.

Bollman, Vera/Onnen-Isemann, Corinna: Studienbuch Gender & Diversity – Eine Einführung in Fragestellungen, Theorien und Methoden, in: Nitschke, Peter/Onnen-Isemann, Corinna (Hrsg.): Aktuelle Probleme moderner Gesellschaften, Band 1, Frankfurt 2010.

CDC Career Development Center (Hrsg.): Genderdax: http://www.genderdax.de/genderdax/informations-plattform.php?fid=5), Erscheinungsdatum: o.J., Abrufdatum und -zeit: 18.02.2016, 15:27 Uhr.

Christ, Sebastian: Wenn Mann nicht weiterkommt, in: Handelsblatt Karriere – Das Magazin für Einsteiger und Aufsteiger, 2012, 03/2012, S. 20-23.

Erhardt, Angelika/Jansen, Mechthild M.:Gender Mainstreaming: Hintergründe und Arbeitshilfen, in: Jansen, Mechthild M./Rohde, Marianne/Mechthild, Marianne M. (Hrsg.): Männer Frauen Zukunft – Ein Genderhandbuch, München 2013, S. 13-39.

Geppert, Jochen/Scheele, Sebastian: Agenten des Wandels – Männer und Gender Mainstreaming, in: Jansen, Mechthild M./Rohde, Marianne/Mechthild, Marianne M. (Hrsg.): Männer Frauen Zukunft – Ein Genderhandbuch, München 2013, S. 119-142.

Herpers, Martine: Erfolgsfaktor Gender Diversity – Ein Praxisleitfaden für Unternehmen, 1. Auflage, Freiburg 2013.

Hund, Daniel: Diversity Management- Wie viel Vielfalt darf sein?, in: Arbeit und Arbeitsrecht – Zeitschrift für den Personalprofi, 2014, 10/2014, S.580-583.

Jansen, Mechthild M./Rohde, Marianne/Mechthild, Marianne M.: Männer Frauen Zukunft – Ein Genderhandbuch, München 2013.

Koberwein, Isabel/Stein, Dwora: Gender und Diversity/Potenziale von Vielfalt nutzen, Chancengleichheit umsetzen, in: Appiano-Kugler, Iris/Kogoj, Traude (Hrsg.): Going Gender and Diversity, Wien 2008, S. 139-144.

Noweck, Anna: Die Dichotomie der Geschlechter im Lebenslauf – Ein Überblick über Bildung, Erwerbstätigkeit, Familienarbeit und Alter, in: Riedl, Anna Maria/Hartlieb, Michael/Krause, Felix/Kroll, Anna (Hrsg.): Gender – Autonomie – Identität – Beobachtungen, Konzepte und sozialethische Reflexionen, Forum Sozialethik Band 15, Münster 2015, S. 25-38.

Petersen, Lars-Eric/Dietz, Jörg: Die Bedeutung von Stereotypen und Vorurteilen für das Diversity Management, in: Becker, Manfred/Seidel, Aline (Hrsg.): Diversity Management – Unternehmens- und Personalpolitik der Vielfalt, Stuttgart 2006, S. 105-122.

Presse- und Informationsamt der Bundesregierung (Hrsg.): Gleichstellung – Die Frauenquote kommt: https://www.bundesregierung.de/Content/DE/Artikel/2015/03/2015-03-06-frauenquote.html, Erscheinungsdatum: 27. März 2015, Abrufdatum und –zeit: 31.03.2016, 17:21 Uhr.

Schulz, André: Strategisches Diversitätsmanagement – Unternehmensführung im Zeitalter der kulturellen Vielfalt, 1. Auflage, Wiesbaden 2009.

Soiland, Tove: Gender als Selbstmanagement. Zur Reprivatisierung des Geschlechts in der gegenwärtigen Gleichstellungspolitik, in: Andresen, Sünne/Koreuber, Mechthild/Lüdke, Dorothea (Hrsg.): Gender und Diversity: Albtraum oder Traumpaar? – Interdisziplinärer Dialog zur „Modernisierung" von Geschlechter- und Gleichstellungspolitik, Wiesbaden 2009, S.35-51.

Statistisches Bundesamt (Hrsg.): Verdienstunterschied zwischen Frauen und Männern in Deutschland bei 21 %, https://www.destatis.de/DE/PresseService/Presse/Pressemitteilungen/2016/03/PD16_097_621pdf.pdf?_blob=publicationFile, Pressemitteilung Nr. 097, Erscheinungsdatum: 16.03.2016, Abrufdatum: 28.04.2016.

Stuber, Michael: Männer, Macher & Machos, in: Personal – Zeitschrift für Human Resource Management, 2004a, 09/2004, S. 16-19.

Stuber, Michael: Diversity: Das Potenzial von Vielfalt nutzen – den Erfolg durch Offenheit steigern, Neuwied 2004b.

Vollmer, Lina: Unbewusstes Diskriminieren – Sozialpsychologische Effekte und mögliche Lösungsansätze, in: Klemisch, Michaela/Spitzley, Anne/Wilke, Jürgen (Hrsg.): Gender- und Diversity-Management in der Forschung, Fraunhofer-Institut für Arbeitswirtschaft und Organisation Konferenzband, Stuttgart 2015, S. 65-72.

Welpe, Ingelore: Megatrend ‚Gender' als Treiber der Veränderungen für einen Paradigmenwechsel, in: Welpe, Ingelore (Hrsg.): Personalentwicklung 2020 – Wie die Megatrends Gender, Diversität und Quotierung die Personalentwicklung transformieren, Frankfurt am Main 2014, S. 15-28.

Werle, Klaus: Mann über Board, in: Manager Magazin, 2012, Nr.9, S.104- 107.

Zeitschrift „Personalmagazin – Management, Recht und Organisation", Freiburg, 2014-2016.

Zeitschrift „Personalwirtschaft – Magazin für Human Resources", Neuwied, 2014-2016.

Zeitschrift „Personal Quarterly – Wissenschaftsjournal für die Personalpraxis", Freiburg, 2014-2016.

Zeitschrift „Zeitschrift Führung und Organisation", Stuttgart, 2014-2016.

Anhangverzeichnis

Anhang 1

Hochschule Mainz

Projekt: Diversity Management: Auswirkungen auf junge Männer

Projektleitung: Dr. XY

<u>**Leitfaden: Interview**</u>

Headhunter, Personaler und Mitarbeiter berichten in den Fachzeitschriften über eine wachsende Frustration der Männer aufgrund der zunehmenden Anwendung von Frauenförderungsmaßnahmen in den Unternehmen. Fühlen sich Männer auf ihrem Karriereweg daher tatsächlich benachteiligt?

Das Ziel unseres Interviews ist es daher herauszufinden, wie sich Frauenförderungsmaßnahmen insbesondere auf junge Männer auswirken. Alle Ergebnisse werden anonymisiert ausgewertet.

Angaben zur Person und Allgemeines

Datum:

Branche:

Firmengröße:

Position:

Berufserfahrung in Jahren:

Alter:

Studiengang:

1.) Was hältst Du von Frauenförderung?

2.) a) Benenne drei Gründe, weshalb es <u>Deiner Meinung nach</u> gut ist, dass Frauen gefördert werden?

_1.

_2.

_3.

b) Was spricht aus Deiner Sicht gegen die Frauenförderung?

3.) a) Ergeben sich Deiner Meinung nach durch die Frauenförderung auch Vorteile für Männer?

○ Ja   ○ Nein

b) Wenn ja, welche? Nenne die drei wichtigsten.

_1.

_2.

_3.

4.) Welche Frauenförderungsmaßnahmen sind Dir bekannt?

5.) Fühlst Du Dich durch die Anwendung von Frauenförderungsmaßnahmen als Mann benachteiligt?

◯ Ja   ◯ Nein

Warum ja?

Warum nein?

6.) Folgende Frauenförderungsmaßnahmen werden in einigen Unternehmen in der Praxis umgesetzt. Beurteile <u>jede einzelne Maßnahme</u> im Hinblick darauf, inwiefern diese <u>Deiner Meinung nach</u> eine Benachteiligung von Männern bewirkt?

a) Unternehmen: „Coca-Cola Erfrischungsgetränke AG"

Maßnahme: Aufbau interner Frauennetzwerke (Einladungen für Netzwerkauftaktveranstaltungen für weibliche Führungskräfte und Mitarbeiterinnen, um die Bildung fachübergreifender Frauennetzwerke zu fördern)

Ich hätte mich benachteiligt gefühlt　　◯ Ja　　　　◯ Nein　　　◯ Teils / Teils
Warum?

b) Unternehmen: Ford

Maßnahme:　Henry-Ford-Stipendium　in　Kooperation　mit　RWTH　Aachen
Überdurchschnittlich　gute　Abiturientinnen　und　Studentinnen　werden
gefördert, diese erhalten eine Vergütung in Höhe von 300 Euro monatlich

Ich hätte mich benachteiligt gefühlt　　◯ Ja　　◯ Nein　　◯ Teils / Teils
Warum?

c) Unternehmen: IG Metall

Maßnahme: spezielles Führungskräftenachwuchsprogramm für Frauen

Ich hätte mich benachteiligt gefühlt　　◯ Ja　　◯ Nein　　◯ Teils / Teils
Warum?

d) Unternehmen: SAP

Maßnahme: speziell konzipiertes Mentoring-Programm für Frauen

Ich hätte mich benachteiligt gefühlt　　◯ Ja　　◯ Nein　　◯ Teils / Teils
Warum?

e) Unternehmen: Deutsche Telekom AG

Maßnahme: weltweite Frauenquote in Höhe von 30 % in oberen und mittleren Führungspositionen bis Ende 2015 (Einführung: 2010, damaliger Stand: 19 % weltweit)

Ich hätte mich benachteiligt gefühlt ◯ Ja   ◯ Nein   ◯ Teils / Teils
Warum?

7.) Würdest Du, wenn Du Kinder hättest, gerne eine längere Elternzeit nehmen und Teilzeitangebote wahrnehmen?

◯ Ja   ◯ Nein   ◯ Ich weiß es noch nicht

Hast Du das Gefühl, dass die Akzeptanz Deines Arbeitgebers für die Wahrnehmung dieser Möglichkeiten für Männer genauso gegeben wäre wie für Frauen?

◯ Ja   ◯ Nein   ◯ Ich weiß es noch nicht

8.) Am 30.03.2011 sagten 30 DAX-Unternehmen in der gemeinsamen Erklärung „Frauen in Führungspositionen" zu, die Maßnahmen zur Erhöhung des Frauenanteils zu intensivieren und über selbstgesetzte Ziele zu steuern. Zudem wurde in der Bundesrepublik Deutschland am 06.03.2015 eine verbindliche Frauenquote in Höhe von 30% bei der Neubesetzung von Aufsichtsräten von 108 börsennotierten und mitbestimmungspflichtigen Unternehmen eingeführt. Diese gilt ab dem Jahr 2016. Gleichzeitig wird es zukünftig feste Zielvorgaben für ca. 3.500 Unternehmen geben.

Bist Du der Meinung, dass die Unternehmen durch den öffentlichen Druck, die Frauenanteile steigern zu müssen, Männer auf ihrem Karriereweg benachteiligen bzw. hast Du bereits derartige Erfahrungen gesammelt?

9.) Durch welche Frauenförderungsmaßnahme würdest Du Dich am ehesten „bedroht" fühlen? (von 1= „größte Bedrohung" bis 6= „keine Bedrohung"). Bitte ordne diese entsprechend Deiner persönlichen Relevanz ein.

____   Frauennetzwerke

____   spezielle Förderprogramme

____   Mentoring

____   Frauenquote

____   Veränderung der Unternehmenskultur

____   flexible Arbeitszeitmodelle

10.) Was könnten Politik und Unternehmen Deiner Meinung nach besser machen, um die Chancengleichheit zwischen Männern und Frauen herzustellen?

11.) Stell Dir vor, Du bist in Deinem Unternehmen für das Thema Diversity Management zuständig. Jetzt wurde beschlossen, dass in 5 Jahren 30 Prozent der Führungspositionen mit Frauen besetzt werden sollten. Um das Ziel zu erreichen, werden in der nächsten Zeit sehr viele Frauenförderungsmaßnahmen ergriffen.

Schlage konkrete Maßnahmen vor, die ergriffen werden müssen, <u>damit sich Männer nicht bedroht und benachteiligt fühlen</u>.

Anhang 2

Schlagwortartige Aufführung der Umfrageergebnisse

<u>Hinweis:</u>

Die aufgeführten Ergebnisse bilden die Antworten der Probanden sinngemäß und zusammengefasst ab.

Frage 1) Was hältst Du von Frauenförderung?

- 9 halten Frauenförderung für gut
- halten Frauenförderung für schlecht
- 5 sind unentschlossen, aber grds. für eine Frauenförderung, wenn es dabei um Gleichberechtigung von Mann und Frau geht und nicht um eine Bevorzugung

Frage 2 a) Benenne drei Gründe, weshalb es Deiner Meinung nach gut ist, dass Frauen gefördert werden?

- 11 Benachteiligung/Gleichberechtigung
- 10 Frauen haben bessere Eigenschaften
- 5 Perspektive der Frau
- 5 Arbeitsklima
- 5 Kindererziehung
- 3 Rollenbilder
- 2 Gehalt
- 2 Frauen sollen FK werden

- andere
- 17 k.A.

Frage 2 b) Was spricht aus Deiner Sicht gegen die Frauenförderung?

- 4 nichts
- 4 Beförderung nicht geeigneter
- 11 FF= keine Gleichberechtigung
- 1 Image der Karrierefrau
- 2 anderes

Frage 3 a) Ergeben sich Deiner Meinung nach durch die Frauenförderung auch Vorteile für Männer?

- 12 ja
- 10 nein

Frage 3 b) Wenn ja, welche? Nenne die drei wichtigsten.

- 34 keine Angabe/keine Vorteile
- Selbstverwirklichung von Männern
- 4 Perspektivwechsel
- 4 Arbeitsklima
- 5 Gleichberechtigung
- 2 Wettbewerb
- 5 Synergieeffekte
- 3 Image oä des Manns besser durch "Förderbedarf der Frauen"
- 3 andere

Frage 4) Welche Frauenförderungsmaßnahmen sind Dir bekannt?

- 13 Quote
- 8 Firmeninterne WS/Bildung
- 7 Uni-Angebote
- 4 keine
- 3 Positionen im UN
- 3 Mentoring

- 2 Erleichterung Kind/Arbeitszeit

- 2 Networking

- 3 andere

Frage 5) Fühlst Du Dich durch die Anwendung von Frauenförderungsmaßnahmen als Mann benachteiligt?

- 8 ja

- 14 nein

- Warum ja?

- 3 Reduzierung auf Geschlecht

- 4 Gleichstellung nicht Sonderstellung

- 1 sollte nach Leistung gehen

Warum nein?

- 5 Leistung wird sich durchsetzen

- 5 nur iSd Gleichberechtigung

- 3 Männer sind besser dran/brauchen keine

- 2 Förderung gibt es auch für Männer

- 1 Frauen sind eine Bereicherung und nicht als Konkurrenz anzusehen

- 1 nicht betroffen

Frage 6 a) Frauennetzwerk bei Coca Cola – Ich hätte mich benachteiligt gefühlt:

- ja

- nein

- teils/teils

Warum?

von ja:

- o 3 Diskriminierung

- o 3 führt zum Geschlechterkampf

von nein:

- o 4 sehen keinen Nachteil

- o 1 Männer können das auch so

- o 2 Frauen brauchen das
- o 1 Männer haben kein Interesse
- o 1 k.A.

von teils/teils:

- o 4 es sollte gemischte Netzwerke geben, damit es nicht zur Spaltung kommt
- o 2 NW auch für Männer wichtig
- o 1 Diskriminierung
- o 1 geht auch so
- o 1 k.A.

Frage 6 b) Stipendium Henry Ford – Ich hätte mich benachteiligt gefühlt:

- 13 ja
- nein
- 3 teils/teils

Warum?

von ja:

- o Leistung sollte entscheiden
- o 5 Diskriminierung
- o 1 Frauen sollten nicht mehr bekommen

von nein:

- o 3 verdient
- o 2 gibt auch neutrale
- o 1 k.A.

von teils/teils:

- o 1 nach Leistung
- o 1 keine Eliteförderung
- o 1 gleicher Zugang für alle

Frage 6 c) Führungskräftenachwuchsprogramm IG Metall – Ich hätte mich benachteiligt gefühlt:

- 4 ja
- 12 nein

- teils/teils

Warum?

von ja:

  o 4 Diskriminierung

von nein:

  o 4 keinen Nachteil
  o 2 sehen in der Trennung einen Sinn
  o 2 finden es erforderlich
  o (2 besser das, als eine Quote)
  o 1 gibt auch allg.
  o 3 k.A.

von teils/teils:

  o 3 Berücksichtigung Leistung
  o 2 sollte auch separat für Männer geben
  o 1 gemischt
  o 1 gibt es auch so

Frage 6 d) Mentoring bei SAP – Ich hätte mich benachteiligt gefühlt:

- 2 ja
- 14 nein
- teils/teils

Warum?

von ja:

  o 1 sollte es auch für Männer geben
  o 1 Diskriminierung
  o von nein:
  o 3 gibt andere Programme
  o 2 kein Nachteil
  o 1 erforderlich
  o 1 nicht notwendig für Männer
  o 1 Ausschluss Männer negativ

- o k.A.

von teils/teils:

- o sollte es auch für Männer geben
- o 1 erforderlich
- o 1 Diskriminierung

Frage 6 e) Frauenquote Telekom – Ich hätte mich benachteiligt gefühlt:

- 9 ja
- nein
- 6 teils/teils

Warum?

von ja:

- o 4 bei gleicher Qualifikation ungerecht
- o 2 Diskriminierung
- o 1 Quotenfrau
- o 1 nicht zielführend
- o 1 besser eine Aufklärung
- o 1 Leistung sollte entscheiden

von nein:

- o 2 kein Nachteil
- o 1 erforderlich
- o 1 Leistung setzt sich durch
- o 1 für Proband nicht relevant
- o 2 kein Nachteil

von teils/teils:

- o 3 Führungspositionen sollten jedem zugänglich sein
- o 2 ist erforderlich
- o 1 Qualifikation sollte entscheiden
- o 1 ungeeignete auf Führungskräftepositionen

Frage 7) Würdest Du, wenn Du Kinder hättest, gerne eine längere Elternzeit nehmen und Teilzeitangebote wahrnehmen?

- 13 ja
- 1 nein
- Ich weiß es noch nicht

Hast Du das Gefühl, dass die Akzeptanz Deines Arbeitgebers für die Wahrnehmung dieser Möglichkeiten für Männer genauso gegeben wäre wie für Frauen?

- 13 ja
- 1 nein
- ich weiß es nicht

Frage 8) Bist Du der Meinung, dass die Unternehmen durch den öffentlichen Druck, die Frau-enanteile steigern zu müssen, Männer auf ihrem Karriereweg benachteiligen bzw. hast Du bereits derartige Erfahrungen gesammelt?

- 12 ja
- 9 Nein
- 1 Entwicklung ist abzuwarten, erst dann sieht man, ob es zur Benachteiligung führt
- keine Erfahrung
- 15 keine Angabe, ob Erfahrung oder nicht

Frage 9) Durch welche Frauenförderungsmaßnahme würdest Du Dich am ehesten „bedroht" fühlen? (von 1= „größte Bedrohung" bis 6= „keine Bedrohung"). Bitte ordne diese entsprechend Deiner persönlichen Relevanz ein.

- Rang 1: Frauenquote   2,95
- Rang 2: Spezielle Förderprogramme   3,36
- Rang 3: Mentoring   3,86
- Rang 4: Veränderung der UN-Kultur   3,91
- Rang 5: Frauennetzwerke   4,09
- Rang 6: Flexible Arbeitszeitmodelle   5,18

Frage 10) Was könnten Politik und Unternehmen Deiner Meinung nach besser machen, um die Chancengleichheit zwischen Männern und Frauen herzustellen?

- Sensibilisierung im Betrieb bzw. vorberufliche Aufklärung
- Gleichberechtigung und nicht Förderung eines Geschlechts, Leistungsaspekt
- 3 gleiche Bezahlung festlegen
- 2 Quoten sollten nicht erzwungen werden
- 1 raushalten
- 2 keine Änderungen nötig
- 1 Quote im Betrieb abhängig von Bewerberquote
- 1 auf Quote verzichten
- 1 Volk fragen, was es will
- 3 andere
- 2 k.A.

Frage 11) Schlage konkrete Maßnahmen vor, die ergriffen werden müssen, damit sich Männer nicht bedroht und benachteiligt fühlen.

- 10 Förderung für Männer einführen
- Aufklärung, Kommunikation, Transparenz
- 5 allg. Förderung (weder Frau noch Mann)
- 3 Frauenstellen zusätzlich schaffen und nicht bestehende Männern vorenthalten
- 3 Einbindung der Männer in alle Genderprozesse
- 2 Gleichberechtigung nicht auf einen Schlag erzwingen wollen
- 1 nicht möglich
- 4 andere
- 1 k.A.